KB117748

피렌체 시 청사에 있는 마키아벨리 초상

피렌체 시 청사(베키오궁)와 시뇨리아광장

마키아벨리는 1498년부터 1512년까지 도시국가 피렌체의 제2서기관과 10인위원회의 위원으로서 외교와 국방 업무를 맡아보았다. 통일국가를 이루기 전 이탈리아반도의 약소국에서 늘 외세의 침략을 염려하며 나랏일을 본 경험이 『군주론』에 부국강병을 향한 염원으로 고스란히 녹아들었다.

르네상스를 꽃피운 피렌체

피렌체는 다 빈치, 단테, 미켈란젤로 등 수많은 천재들로 르네상스라는 꽃을 피웠다. 신을 중심에 두고 세상을 바라보던 중세에서 벗어나 인간의 본성에 눈뜨고 다양한 재능을 자유롭게 펼치는 도시에서 태어난 마키아벨리 또한 성실한 공무원으로서 사는 데 그치지 않고 극작가, 역사가, 정치사상가로서 탁월한 역량을 뽐냈다. 멀리서도 눈에 띄는 베키오궁과 대성당은 예나 지금이나 피렌체를 대표하는 건축물이다.

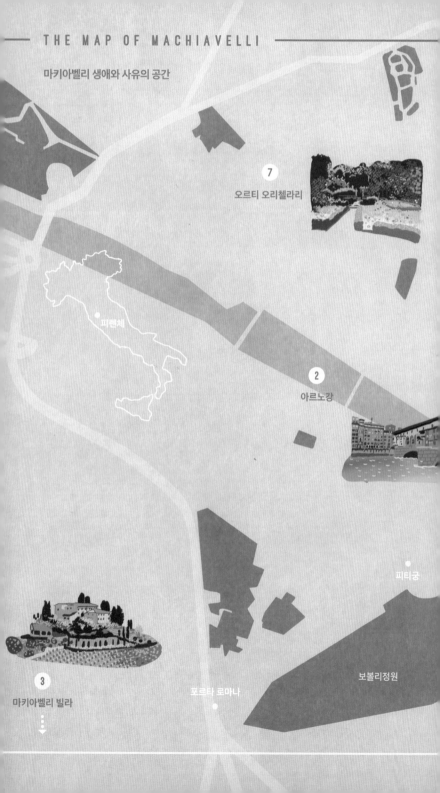

마키아벨리 생애와 사유의 공간

7 오르티 오리첼라리

피렌체

2 아르노강

피티궁

보볼리정원

3 마키아벨리 빌라

포르타 로마나

산마르코 성당

메디치궁

1 피렌체
대성당

시뇨리아궁
(베키오궁)

4
5
시뇨리아광장

8

6
베키오다리

우피치미술관

산타크로체성당

마키아벨리의 사고를 만들어낸 토양은 조국 피렌체를 비롯한 토스카나의
도시들이다. 외교와 국방을 맡은 공무원으로서 이탈리아반도를 벗어나
프랑스와 독일까지 돌아다니며 정세를 보고하기도 한 그는 언제나 약소국
피렌체의 존립을 고민했다. 베키오다리를 통해 집과 시뇨리아궁의 집무실을
오가던 그가 메디치가의 손에 축출된 뒤에는 산탄드레아 인 페르쿠시나에서
『군주론』을 비롯한 여러 저작의 집필에 몰두하는 한편 오르티 오리첼라리에서
독서와 토론으로 공화주의자들과 소통했다.

❶ 피렌체대성당

피렌체 시민의 신앙심과 자부심

성당의 웅장한 규모가 이것을 만들어낸 피렌체 시민의 신앙심과 자부심을 나타낸다. 마키아벨리는 가톨릭교회의 타락이 이탈리아와 피렌체의 정치·사회에 끼친 해를 비판했는데, 교황청이 외세를 끌어들이고 이탈리아 국가들의 분열을 조장했다고 보았기 때문이다. 그는 종교의 정치적 유용성을 인정하며 시민종교를 강조했다.

❷ 아르노강

운명과 역량 개념의 영감을 얻다

평상시 시민들에게 식수를 공급하고 하수를 받아주는 아르노강이 어쩌다 범람하면 피렌체가 초토화된다. 마키아벨리는 이 강의 두 얼굴을 보면서 정치사상의 핵심 개념을 구상했다. 언제 범람할지 모를 강을 포르투나, 즉 예측할 수 없는 운명의 여신에 빗대면서도 다 빈치가 구상한 운하나 둑을 짓는 인간의 대비와 노력을 통해 그 피해를 줄일 수 있다고 한 것이다.

❸ 마키아벨리 빌라

『군주론』을 집필한 곳

피렌체공화정에서 일하다 메디치가의 복귀로 쫓겨난 마키아벨리가 산탄드레아 인 페르쿠시나에 있는 집에 칩거하면서 자신의 지식과 경험을 바탕으로 『군주론』을 썼다. 피렌체에서 남쪽으로 16킬로미터 정도 떨어져 있는데, 언덕 위에 자리한 덕에 맑은 날이면 두오모의 둥근 지붕이 보인다. 이곳에서 보이는 두오모는 저술 작업의 원동력이 되었다.

❹ 시뇨리아궁

외교와 국방 업무를 보다

피렌체 정치의 중심 공간으로, 현재는 시 청사로 쓰이고 있다. 시민들이 모여 정무를 논하던 '500인의 방'이 있다. 마키아벨리도 피렌체공화국의 제2서기관으로 시뇨리아궁에서 외교와 국방 업무를 보았다. 코시모 1세가 아르노강 건너편 피티궁으로 거주 공간을 옮기고 시뇨리아궁은 집무실로 쓰면서 '옛 궁전'을 뜻하는 베키오궁으로 불리게 되었다.

❺ 시뇨리아광장

피렌체 시민들의 정치 공간

피렌체를 방문한 외국 사절들이 이 광장에서 피렌체 시민들에게 모습을 보였고, 사보나롤라는 사치 문화를 없앤다면서 '허영의 소각'이라는 피렌체판 분서갱유를 이곳에서 벌이고 오래지 않아 자신이 화형을 당하는 처지가 되었다. 1506년에는 마키아벨리가 소집한 민병대가 열병식을 치르기도 했다. 시뇨리아궁과 달리 이름을 유지하고 있다.

❻ 베키오다리

공무원 마키아벨리의 통근길

피렌체에서 가장 오래된 다리다. 공무원 시절 마키아벨리가 아르노강 남쪽에 있던 집에서 이 다리를 통해 시뇨리아궁으로 출근했을 것이다. 그가 살던 시대에는 다리 위에 푸줏간이 늘어서 있었는데, 코시모 1세 통치기에 화려한 금은방으로 바뀐다. 평민들의 시끌벅적한 삶의 현장은 사라지고 군주의 통행로가 남았다. 지금은 관광객들로 발 디딜 틈도 없다.

❼ 오르티 오리첼라리

독서와 토론으로 소통하다

피렌체의 유력 가문인 루첼라이가의 정원으로, 마키아벨리가 이곳에서 독서와 토론을 통해 피렌체의 젊은 귀족들과 소통했다. 인문주의자 모임으로 시작해서 공화주의자 모임으로 확대되었다. 이 모임에 참여한 경험이 『로마사 논고』 집필로 이어졌고, 모임을 주관한 루첼라이는 마키아벨리의 또 다른 책 『전술론』에 중요한 화자로 등장한다.

❽ 산타크로체성당

마키아벨리가 잠든 곳

도나텔로의 〈수태고지〉 돋을새김 등 14~15세기 종교예술 작품을 다수 소장하고 있으며 미켈란젤로, 갈릴레오, 단테 등 피렌체 출신 유명인의 묘가 있다. 영혼의 구원보다 조국을 더 사랑한다고 말했던 마키아벨리도 피렌체인의 사랑을 받으며 잠들어 있다. 1787년에 제작된 그의 묘비명은 이렇다. "이 위대한 이름에는 어떤 찬사도 부족하다."

일러두기

— 미술, 음악, 영화 등의 작품명은〈 〉, 신문, 잡지는《 》, 시, 단편소설, 희곡, 연설, 논문은
「 」, 단행본, 장편소설은『 』로 표기했다.
— 다른 책을 인용 또는 재인용하거나 참조한 경우, 본문에 책명과 쪽수(또는 장수)를 밝혔고,
더 자세한 사항은 참고 문헌 목록에 들어 있다.
— 외래어 표기는 국립국어연구원의 외래어표기법을 따랐으나 통용되는 일부 표기는 허용
했다.

마키아벨리

×

김경희

르네상스 피렌체가 낳은 이단아

arte

NICCOLÒ MACCHIAVELLI

우피치미술관 회랑의 마키아벨리 전신상

원래 피렌체공화국의 행정국이던 우피치미술관은 르네상스 회화의 걸작을 많이 보유한 것으로 유명하다. 이곳 건물들을 잇는 회랑에 피렌체가 배출한 위인들의 전신상이 늘어선 가운데 마키아벨리도 한 자리를 차지하고 있다.

CONTENTS

마키아벨리의 수수께끼

마키아벨리만큼 널리 알려진 동시에 많은 오해를 받는 사상가도 드물 것이다. 그는 흔히 '마키아벨리즘'이라 일컫는 권모술수의 대가로 여겨지는데, 이는 그의 악명 높은 책『군주론』때문이다. 고전이라 불리는 책이 대개 그렇듯『군주론』도 명성에 비해 실제로 읽은 사람은 많지 않을 것이다. 과연『군주론』이 '목적을 위해서라면 수단과 방법을 가리지 말라'는 마키아벨리즘을 역설하는 처세서일까? 오늘날 우리가 마키아벨리와 마키아벨리즘을 너무 간단하게 동일시하는 것은 아닌지 짚어볼 일이다.

그를 둘러싼 오해는 또 있다. 마키아벨리가 군주론자인가 아니면 공화론자인가 하는 문제다. 이 논쟁이 쉽게 해결되지 않아서 '마키아벨리의 수수께끼'라는 말까지 생겨났다.『군주론』이 제목에서 드러나듯 정치의 중심에 군주를 두고 부강한 나라를 만드는 방법에 대해 설파한다면, 그의 또 다른 대표작 『로마사 논고』는 고대의 로마공화정을 모범으로 삼아 공화주의를 지지한다. 두 책을 쓴 사람이 같은데 이렇게 주장이 상반된 것을 어떻게 이해해야 할까?

마키아벨리에게는 기회주의자라는 오명도 있다. 10여 년 동안 피렌체공화국의 고위 공무원으로 활동했던 그는 메디치가 권력을 잡고 복귀하자 공직에서 밀려났다. 그런데 그로부터 4년 뒤에 완성한 『군주론』을 다름 아닌 메디치가에 바쳤다. 공화정을 위해 일했던 그가 관직에 다시 나가기 위해 권력의 편에 섰다는 것이다.

이처럼 마키아벨리의 저서와 행적은 그가 사망한 지 500년 가까이 된 지금까지도 많은 논란을 불러일으키기에 충분하다. 만약 그가 살아서 이런 논쟁을 듣는다면, 그에게 직접 해명할 기회를 준다면, 마키아벨리는 무슨 말을 할까? 혹시 우리가 그의 고단한 삶과 당시 이탈리아의 복잡한 상황을 제대로 이해하지 못한 채 『군주론』을 비롯한 그의 저서들을 오독하고 있는 것은 아닐까?

오늘날 마키아벨리는 근대정치학의 문을 연 정치사상가로 알려져 있고, 그의 고향 피렌체에서는 그를 역사가나 작가로 기억한다. 그가 피렌체공화국의 공무원이자 정치인이었다는 사실은 상대적으로 잘 알려져 있지 않다. 그는 당시 정치 현실의 문제를 해결하기 위해 끊임없이 고민했고 그 결과를 책으로 남겼다. 대표작으로 꼽히는 『군주론』과 『로마사 논고』는 자신의 현실 정치 경험과 고대사에 대한 공부를 결합시킨 것이다. 따라서 그가 살던 시대의 정치적 상황을 이해하면, 그가 책에서 드러낸 고민을 제대로 이해하고 그와 관련된 논란의 수수께끼를 풀 실마리를 얻을 수 있다.

『군주론』 초판

마키아벨리가 어려서부터 쌓은 고전 지식과 피렌체공화국의 외교와 국방을 맡아본 경험을 결합시켜 탄생시킨 『군주론』은 1532년에 처음 출간된 이래 비난과 찬사를 함께 받았다. 그러나 정치를 종교와 도덕에서 분리하고, 모든 나라가 지향하는 부국강병의 지혜를 객관적으로 서술했다는 점에서 근대정치학의 고전으로 불리는 데 손색이 없다.

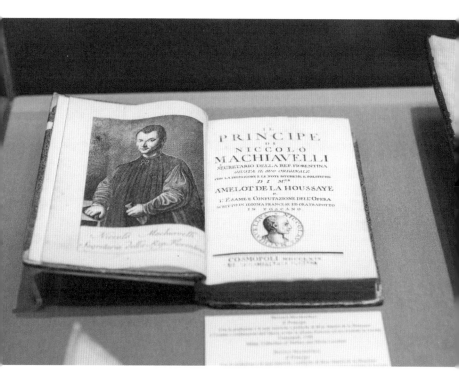

마키아벨리가 살던 15~16세기 이탈리아반도의 피렌체는 그야 말로 백척간두에 서 있었다. 위기에 처한 조국을 구하기 위해 그는 군주론을 펴는가 하면, 공화주의자가 되어야 했다. 현실은 끊임없이 변하기 때문이다. 국가의 기강이 해이해지고 질서가 무너져 외세의 침입에 속수무책인 위기의 시대에는 강한 리더십이 있는 지도자, 즉 군주가 나타나야 한다고 보았다. 하지만 군주 한 사람의 능력에 의존해서는 나라 안팎의 급변하는 상황에 유연하게 대처하기 어렵기 때문에 여러 사람이 참여해 다양한 능력을 발휘할 수 있는 공화국이 군주국보다 좋다고 했다. 그로서는 군주정이나 공화정은 그저 정치체제일 뿐이고, 부국강병이라는 정치의 최우선 과제를 성공적으로 수행하는 것이 더 중요했기 때문이다.

  그런데 이렇게 국가의 안위를 걱정했던 마키아벨리의 삶은 안타깝게도 고난의 연속이었다. 1498년부터 1512년까지 14년간 공직에 몸담은 것을 빼고는 그토록 사랑했던 조국을 위해 일할 기회가 없었다. 게다가 반메디치가 음모 사건에 연루되어 메디치가로부터 끔찍한 고문까지 받았다. 공직에서 쫓겨난 그는 피렌체 근교의 조그만 집에 머물면서 쓴『군주론』을 통해 피렌체의 부강에 힘을 보태려고 했다. 하지만 당시 피렌체를 지배하고 있던 메디치가는 마키아벨리와 그의『군주론』을 거들떠보지 않았다. 그는 곤궁에 빠졌다. 당시 그가 친구들과 나눈 편지에는 경제적으로 쪼들리는 형편에 대한 불평이 있다. 1527년에 메디치가가 쫓겨나고 공화정이 회복되었을 때, 그는 관직에 다시 지원한다. 그러나 원하는 바를 이루지 못하고 몇 개월 뒤에 삶을 마감한다. 오로지 조국 피렌체의 유지와 번영만을 바란 그의 진심이 당대 정치인과 지도자 들에게는 인정받지 못했다. 어찌 보면 동시대인의 홀대가 마키아벨리의 저술을 추동한 덕에 그가 지금까지 명성을 누리는지도 모르겠다.

마키아벨리를 이해하려면 그가 기쁨과 분노와 희망과 좌절을 모두 겪은 삶의 터전 피렌체로 가야 한다. 당시 피렌체는 오랜 전통이 있는 도시국가였다. 상업이 발달해 자본이 모이고 시민 계층이 성장해 정치의 중심에 설 수 있었다. 하지만 대자본가인 귀족층이 권력을 장악해, 정치체제는 공화정과 군주정 사이를 넘나들었다. 그리고 나라 안팎으로 대립과 분열이 일어나 혼란이 극심했다. 힘을 축적한 피렌체가 주변 도시들을 복속시켜 이탈리아 중부의 맹주가 되었지만, 자치도시의 성향이 강하던 토스카나의 도시들은 호시탐탐 독립할 기회를 노렸다. 설상가상으로 알프스 이북의 강대국들이 전열을 갖추고 이탈리아반도에 침입했다. 바로 이런 격동기에 마키아벨리가 피렌체공화국의 공직에 있었던 것이다.

마키아벨리의 발자취를 좇는 기행은 당연히 피렌체를 중심에 두고 그 주변 도시 볼테라, 시에나, 아레초, 몬테풀치아노 등을 어우른다. 마키아벨리를 탄생시킨 피렌체는 르네상스를 빼놓고 말할 수 없는 도시다. 다 빈치, 미켈란젤로 등 수많은 천재 예술가와 사상가들이 마키아벨리와 함께 르네상스 시대 이탈리아에서 활동했다. 고대 그리스·로마 문화가 부활한 르네상스 시대는 중세와 근대를 잇는 전환기다. 세계의 중심이 신에서 인간으로 옮겨졌고, 정치체제도 변화를 겪었다. 특히 당시 피렌체는 공화국에서 군주국으로 이행하고 있었다. 권력의 주체가 시민에서 군주로 바뀌는 것이다. 전

아르노강과 베키오다리

피렌체에서 상공업의 발달을 통해 문화와 예술을 사랑하는 시민층이 성장하지 않았다면 르네상스가 꽃필 수 없었을 것이다. 풍부한 수량으로 농업과 공업의 기반이 되고 교역로 구실을 한 아르노강이, 피렌체의 남북을 잇는 베키오다리처럼 피렌체를 중세에서 르네상스와 근대로 이끈 것이다.

환기에는 옛것과 새것이 서로 뒤엉켜 싸우기 마련이다. 어느 편에서든 혼란스럽긴 마찬가지다. 사람들의 마음속에는 사라지고 패배하는 쪽에 서게 되지 않을까 하는 불안감이 가득했다. 주변 도시국가들을 견제하는 가운데 알프스 너머 강대국들의 눈치까지 봐야 하는 피렌체의 상황이 그런 불안감을 더 키웠을 것이다.

변화와 혼란의 시기를 살았던 마키아벨리는 공무원이자 지식인으로서 시대의 과제에 치열하게 맞섰다. 귀족과 인민이 서로 불신하고 증오하는 가운데 공동체의 유대와 연대가 무너지고 권력과 제도가 사사화私事化되는 상황에서, 이를 극복할 새로운 정치 이론을 제시하려고 했다. 시민과 군주 사이에서 피렌체의 몰락을 막기 위해 고군분투한 것이다. 나를 마키아벨리에 대한 연구로 이끈 것은 그가 살던 시대와 그 속에서 분투한 한 인간의 삶이 갖는 매력이다. 그의 삶을 통해 오늘날 우리의 상황을 떠올리는 사람이 적지 않을 것이다. 근현대 한국은 열강의 다툼 속에서 사회 전 분야에 걸쳐 끊임없이 격변을 겪었다. 따라서 마키아벨리의 발자취를 따라가며 그에 관한 수수께끼를 풀어가는 것은 충분히 설렐 만한 일이다. 그가 혼란기를 헤쳐나가기 위해 경험과 지식을 아울러 제시한 지혜는 분명 우리가 새겨볼 가치가 있다.

우리는 한때 군주처럼 굴었던 대통령에 분노했고, 광장에 모여 정치제도와 민주공화국의 가치에 대해 서로의 생각을 나눴다. 그런데 우리 중 어떤 이들은 아직도 군주국의 신민으로 살고 있다. 그러고 보면 마키아벨리가 남긴 수수께끼는 바로 오늘날 우리의 문제가 된다. 나는 과연 '오늘'을 사는가? 내 안에 케케묵은 구태가 있지 않은가? 나는 진정한 공화국의 시민인가?

마키아벨리를 통해 품게 된 질문에 대한 답을 찾기 위해 나는 무엇보다 먼저 피렌체라는 도시를 찬찬히 살펴보려고 한다. 1장에서 살펴보는 피렌체는 르네상스를 꽃피운 도시로서 정치, 경제, 문화 등 사회 전반에서 중세와 큰 차이를 보이며 근대를 향해 움직인다. 인문주의, 자유와 평등의 가치, 시민의식 등 마키아벨리 저술의 배경이자 사상의 토대가 되었던 르네상스 시대 피렌체의 정치·경제 상황과 사회 분위기를 들여다본다.

2장에서는 피렌체에서 르네상스가 일어나는 데 결정적 구실을 한 명문 메디치가와 마키아벨리의 특별한 관계에 대해 알아볼 것이다. 1400년에 등장한 이래 350년 가까이 지속되며 피렌체를 통치하기도 한 메디치가는 교황을 두 명이나 배출했다. 문예 후원과 권력 세습을 함께 품은 메디치가가 『군주론』을 집필하는 마키아벨리에게 영감을 준 것은 부인할 수 없는 사실이다.

3장과 4장에 담은 마키아벨리의 삶은 외교와 국방을 맡은 공직 활동과 여러 책의 집필로 대별할 수 있다. 그런데 이렇게 고도의 지성이 필요한 일을 하던 그가 고등교육을 받지 않았다는 것은 놀랄 만한 사실이다. 학력 대신 든든한 배경이 될 만한 집안 출신도 아닌 그가 지금까지 살아남은 이유를 묻게 하는 대목이다. 여기에서 소략하게나마 다룰 그의 저작들은, 명분보다 실질을 중시한 마키아벨리 사상의 가치와 지향을 보여줄 것이다.

마키아벨리가 살아 있을 때 충분히 인정받지 못했다는 것은 주지의 사실이다. 『군주론』은 당시 통치자에게 외면당하고 마키아벨리가 죽은 뒤에야 출판된 데다 반종교적이며 반도덕적이라는 이유로 교황청의 금서가 된다. 탁월한 정치철학을 품었지만 현실 정치에서 그것을 제대로 펼쳐보지 못했다는 점에서 만년의 마키아벨리는 중국 철학자 공자와 맹자를 떠올리게 한다. 5장에서는 마키아벨리가 고난 속에서도 천착한 정치의 본질에 대해 생각해본다.

끝으로, 6장에서는 "영혼보다 조국을 더 사랑한" 마키아벨리 인생의 마지막 시기를 그려보고, 마키아벨리즘을 비롯해 그에 얽힌 숱한 오해 그리고 현재까지 전해지는 마키아벨리의 유산에 주목한다. 『군주론』 20장에 "군주가 가질 수 있는 최선의 요새는 인민에게 미움을 받지 않는 것"이라는 대목이 있다. 정치란 무엇이며 권력은 어디에서 오는가에 대한 오늘의 답으로 여전히 유효한 말이다.

이 책에서 마키아벨리가 남긴 흔적을 따라가는 동안 독자들이 그에 대한 오해와 편견에서 조금이라도 벗어나기를 바란다. 우리가 마키아벨리처럼 솔직한 맨눈으로 세상을 보는 것은 그가 남긴 수수께끼를 푸는 실마리일 뿐만 아니라 삶의 지혜에 다가서는 첫걸음이 될 것이다.

피렌체 거리에서 본 대성당

피렌체 그 자체라고 할 수 있는 대성당에서 가장 인상적인 부분은 역시 붉은 지붕, 쿠폴라다.
지름이 40미터를 넘을 만큼 웅장한 규모에 벽돌이 400만 개 이상 쓰인 쿠폴라는 피렌체의 골
목골목에서 얼굴을 비친다. 피렌체의 길들이 대성당을 중심으로 방사형을 이루며 뻗어나가기
때문이다.

사람을 꽃피운 도시 피렌체

르네상스와 시민의식

르네상스적 인간 마키아벨리

'꽃의 도시' 피렌체는 화려한 역사의 흔적을 고스란히 간직하고 있다. 특히 1982년에 유네스코 세계문화유산으로 지정된 역사 지구에 르네상스기 이후의 유적이 많다. 종교 공간인 두오모, 시민들이 정치 활동을 벌이던 베키오궁, 도시의 남과 북을 이어주는 삶의 터전이자 낭만의 장소인 베키오다리, 피렌체를 빛낸 위인들이 잠들어 있는 산타크로체성당 등은 마키아벨리를 포함한 피렌체 사람들의 삶 속 깊이 자리하며 장구한 역사의 배경이 되었다.

그런데 역사의 장구함이 때로는 여행객의 눈을 어지럽힌다. 중세부터 르네상스기, 근대, 현대 등 다양한 시대의 흔적이 중첩되어 있기 때문이다. 따라서 이것들을 조심히 구분해낸 뒤에야 보고 싶은 것을 찾아낼 수 있다. 마키아벨리의 고향에서 그의 흔적을 살펴보려는 이라면 더욱 그렇다. 왜냐하면 마키아벨리가 살던 시기, 즉 1469년부터 1527년까지의 흔적보다는 그 뒤로 200년 넘게 피렌체를 지배한 메디치가의 흔적이 더 많기 때문이다.

베키오다리 남쪽으로 가다 보면 마키아벨리의 생가 터가 나온다. 아쉽게도 그의 집은 2차세계대전 때 폭격으로 불타 없어졌고 표석만 붙어 있다. 그런데 여기서 뜻밖의 사실을 접하게 된다. 생가 표석에서 그가 우리에게 익숙한 근대 정치사상의 시조가 아니라 피렌체의 역사가로 설명된다는 것이다. 피렌체 사람들은 그를 세계적으로 널리 알려진 『군주론』의 저자보다는 고향의 역사를 담은 『피렌체사 *Istorie Florentine*』의 저자로서 기리고 있다.

마키아벨리의 어린 시절에 대한 이야기는 많이 전하지 않는다. 다만 유복한 가정에서 태어나지 않은 것은 넉넉하지 못한 형편에 대한 그의 탄식에서 잘 드러난다. 그는 한 편지에 "나는 빈한하게 태어나서 즐거움보다는 궁핍을 먼저 알게 되었다"고 쓰기도 했다. 그의 아버지 베르나르도는 세금을 제때 못 내기도 했다. 하지만 책 읽기를 좋아했고, 장서가 많았다. 곤궁한 형편이라도 이런 환경 덕에 마키아벨리는 어려서부터 많은 책을 읽고 사색을 즐길 수 있었다.

마키아벨리가 당시 피렌체에서 유행한 그리스어 교육은 못 받았지만 라틴어 지식은 상당했던 것 같다. 그의 아버지가 색인 작업을 한 대가로 어렵게 구한 리비우스의 『로마사』와 아리스토텔레스 주석서가 집에 있었다고 한다. 아버지가 정성 들여 갖춘 책은 당연히 아들의 지적 성장에 큰 도움이 되었을 것이다. 『군주론』에 펼쳐지는 고대 그리스와 로마의 방대한 역사적 사실과 그에 대한 마키아벨리의 통찰은 어린 시절부터 쌓은 고전 지식에서 나온 것이다. 그가 아버지 덕에 『로마사』를 읽지 않았다면 나중에 『로마사 논고』도

마키아벨리 생가 터

귀차르디니가 18번지. 마키아벨리 생가 터의 현재 주소다. 그가 태어난 1469년 이래 500년 가까이 그의 숨결을 간직하고 있던 집은 아쉽게도 2차세계대전 중인 1944년에 폭격으로 파괴되었다. 이 집뿐만 아니라 아르노강 위의 모든 다리가 끊어지고 베키오다리 하나만 남았을 만큼 피렌체에 유독 가혹한 전쟁이었다.

포룸 로마눔

르네상스 시기에 다시 살아난 고대 문화 중에는 수사학도 있다. 고대 그리스와 로마의 광장에서 정치 연설에 귀를 기울이던 시민들을 닮은 사람들이 나타난 덕이다. 산업의 발전에 따라 어느 정도 경제력을 갖추고 자치적으로 길드를 조직한 사람들을 설득하는 문제가 도시국가의 운영에서 중요해진 것이다.

쓰지 않았을 것이다. 공식적인 고등교육을 받지 않은 마키아벨리가 탄탄한 글솜씨로 다양한 분야에서 빼어난 작품을 남겼고, 그 작품들이 500년 세월을 넘어 지금까지 살아 있는 것은 결코 우연이 아니다.

마키아벨리의 사상과 작품을 탄생시킨 르네상스 인문주의의 핵심 중 하나는 교육의 변화다. 중세의 교육은 일원론적 세계관에 기반했다. 유일신이 진리와 보편 법칙의 근원이기 때문이다. 교육의 목적은, 논리적으로 완벽한 유일신의 본질과 보편 법칙을 탐구하는 데 있었다. 원리가 자명한 논리학과 수학이 교양 학문의 중심이 될 수밖에 없었다. 그런데 르네상스 시기에는 수사학의 위상이 높아진다. 중세 논리학이 보편 진리를 정당화하는 수단이었다면, 수사학은 "다른 사람을 설득하고 그에게 영향을 끼치기 위한 언어 기법을 연구하는 학문"(『한국현대문학대사전』)이다. 다시 말해, 수사학은 언어의 상호성에 중점을 둔다.

원래 수사학은 웅변에 기반한 것으로 시민의 정치 참여가 활발하던 고대 그리스와 로마에서 발달했다. 당시에는 동료 시민들에게 정책을 설명하고 동의를 구하는 웅변이 정치 활동의 핵심이었다고 해도 과언이 아니다. 그러나 시민들이 모여 정견을 발표하고 경청하는 주요 공간인 광장이 사라지면서 자연스럽게 수사학도 그 힘을 잃었다.

중세는 명확한 위계가 지배하는 공간이었다. 유일신과 그를 대신하는 교황과 황제 또는 군주가 지배하는 가운데 자유로운 발언권은 최상층부에만 주어졌다. 유일신 중심의 세계에서 인간은 고유한 가치를 잃었으며 인간의 언어는 유일신의 진리를 논리적으로 입증해 내는 도구에 불과했다.

하지만 르네상스 시기는 달랐다. 정치적·경제적 힘이 커진 시민이 자부심을 느끼게 되었다. 인간의 재발견이다. 이에 따라 인간의 고유한 능력으로서 언어에 대한 새로운 관념이 나타난다. 언어가 더는 절대적 진리만 전달하는 것이 아니다. 인간들의 상호작용을 통해 의견을 교환하고 세계를 이해하는 수단으로 재발견된다. '인간의 발견'에 이어 인간의 언어가 전과 다른 의미를 부여받았다. 인문주의의 뿌리가 여기에 있다.

인문주의의 발전으로 학문의 중심이 달라진 것은 진리관의 변화를 의미한다. 논리학은 보편타당성을 지향하며 영원불변의 진리를 추구한다. 반면에, 수사학은 시간과 공간에 구속되어 있다. 논리학은 진리라는 대전제를 벗어나지 않는 연역적 논리 구조가 핵심이다. 반면에, 수사학은 진리라는 대전제가 미리 주어지지 않는다. 오히려 진리는 서로 다른 의견의 교환과 대립 속에서 구해진다는 것이 인문주의적 진리관의 핵심이다.

이렇게 볼 때 인문주의는 세 가지를 강조하게 된다. 인간, 언어, 역사다. 인간은 세계의 주체로서 자유의지를 가지고 교육을 통해 진리를 창조해간다. 이런 인간에게만 있는 특성이자 수단이 언어다. 언어는 인간이 자신을 표현하고, 타인과 소통하며, 진리를 구성해내는 수단이다. 역사는 인간의 행적을 언어로 표현한 것이다. 인간의 가치가 인정받지 못할 때 인간의 역사는 무의미하다. 중세의 역사는 구원의 관점에서 서술되었다. 르네상스기에 세속사가 나타나기 시작했다. 세속적인 영웅의 역사가 발굴되었고, "역사는 인생의 스승"이라는 키케로의 말이 유행했다. 이는 과거 인간의 행적을 현재 인간의 행동 지표로 삼는다는 뜻이다. 역사를 이해하려면 과거 인간의 행위와 언어를 이해하고, 그것을 현재에 적용해야 한다. 결국 언어를 통한 세대 간 소통이다.

이런 르네상스 인문주의 분위기에서 자란 마키아벨리는 말하고, 쓰고, 소통하는 것을 좋아했다. 그는 사람을 포함한 세상을 호기심 어린 눈으로 관찰하고 깨달은 바를 글로 표현할 줄 아는 사람이었다. 자신이 아는 것과 느끼는 것을 그냥 담아두기만 하지 않고 표현했다는 것은 그가 어떤 식으로든 대중과 소통하기를 즐겼다는 사실을 보여준다. 그가 쓴 희곡 「만드라골라La Mandragola」와 친구들에게 보낸 편지들을 보면 르네상스적 인간, 마키아벨리의 특징이 나타난다. 특히 「만드라골라」는 그를 인기 있는 희곡 작가로 만든 작품이다. 그가 살아 있을 때 이탈리아의 각 도시에서 무대에 올려져 인파를 모았으니, 희곡 작가로서 그는 같은 시대 사람들과도 잘 통한 모양이다.

마키아벨리가 쓴 편지들도 그의 솔직하고 자유분방한 사고와 재치를 보여주는데, 그중에는 『군주론』 집필에 관해 알린 것도 있다. 또 외교관으로서 여러 나라를 돌아다니던 중 1509년 베로나에서 친구 귀차르디니Francesco Guicciardini에게 쓴 편지 한 통은 익살과 장난으로 가득 차 흥미롭다. 오랜 객지 생활 가운데 어떤 여자에게 속아서 우연히 관계를 맺었다고 실토하는데, 어두컴컴한 방에서 제대로 알지도 못하고 만난 여자가 어떤 모습인지 궁금해서 호롱불로 확인한 뒤에 묘사한 대목이 있다.

> 정수리가 대머리라서 이 몇 마리가 굼실대는 게 보였는데, 가느다
> 란 몇 가닥이 머리카락이랍시고 돋아나서 눈썹 근처 구레나룻과
> 뒤엉켜 있었다네. (…) 양 눈썹 끝에는 서캐가 버글버글한 털이 한
> 뭉치씩 떡하니 붙어 있었지, 아마. 한 눈은 내리깔고 다른 눈은 치
> 떴는데, 짝짝이인 데다가 눈곱이 더덕더덕하고 속눈썹 같은 건 아
> 예 없었어. 코란 놈은 비틀어진 채 머리통 아래로 찰싹 달라붙고 콧
> 구멍은 비스듬히 베어진 듯 뻥 뚫렸는데, 하나는 콧물로 뒤범벅이
> 었지. 입은 로렌초 데 메디치를 닮았지만 한쪽으로 비뚤어졌고, 바
> 로 거기서 허연 침이 질질 흘러나오고 있었어.
>
> ─『마키아벨리와 에로스』, 186쪽

흔히 떠올리는 마키아벨리의 이미지를 생각하면, 그가 썼다고 믿
기 어려운 글이 아닌가? 『군주론』이 워낙 빼어난 작품이다 보니 우
리가 그를 이해하는 데 다양한 면모를 제쳐두고 정치나 권력관계에
너무 집중하지 않았나 싶다. 흔히 쓰는 '르네상스적 인간'이라는 말
이 어떤 뜻인지 생각해보자. 다 빈치처럼 여러 분야에서 재능을 발
휘하고 성과를 거두는 사람을 가리킨다. 인간의 고유한 가치를 높
이 사는 인문주의의 고향, 피렌체라는 비옥한 토양이 다 빈치처럼
그리고 마키아벨리처럼 가볍게 경계를 뛰어넘는 인재를 키운 게 분
명하다.

아뇰로 브론치노, 〈위대한 로렌초〉(1560년경)

마키아벨리가 귀차르디니에게 쓴 익살스러운 편지에서 언급한 로렌초 데 메디치(1449~1492)는 두 얼굴의 사나이였다. 미켈란젤로 같은 예술가를 지속적으로 과감하게 후원한 점에서는 너그럽고 온화한 거부富다. 하지만 경쟁 가문의 음모로 동생을 잃은 뒤 음모 가담자들을 끝까지 쫓으며 제거할 때는 더없이 냉혹한 추격자였다.

마키아벨리의 희곡, 「만드라골라」와 「클리치아」

마키아벨리는 공직에서 물러나 있는 동안 『군주론』, 『로마사 논고』 같은 정치서와 역사서뿐 아니라 여러 희곡과 시를 남겼다. 그의 연극을 본 피렌체 관객들의 반응은 열광적이었고, 그는 생전에 다른 무엇보다도 희곡 작가로서 널리 알려졌다.

대표작 「만드라골라」에서 마키아벨리는 사랑의 묘약으로 불리던 만드라골라를 통해 르네상스 시기 사회를 풍자한다. 만드라골라는 '해리 포터' 시리즈에도 인간의 모습을 닮은 마법의 식물로 나왔다. 한 청년이 나이 많고 부유한 법률가와 그의 정숙한 부인을 꾀어 불륜을 저지르게 하는 내용인데, 그녀를 꾀어내는 데 타락한 세속적 인간들이 동원된다. 우선 남편은, 아이를 갖고 싶어 하는 욕망을 건드린다. 아이를 확실히 낳게 하는 만드라골라라는 묘약이 있는데, 이 약을 먹고 관계를 맺으면 남자가 꼭 죽는 단점이 있다고 한 것이다. 죽기는 싫고 아이는 갖고 싶던 남편은 부랑자를 배불리 먹인 뒤 아내의 침실에 들여보내면 괜찮을 것이라는 꼬임에 넘어간다. 그의 정숙한 부인을 꾀기가 가장 힘든데, 여기에는 그녀의 어머니와 교회의 신부가 돈의 유혹을 받고 힘을 보탠다. 결국 저마다 욕망을 통해 도덕심과 죄책감을 잠재우는 데 성공한 청년은 법률가의 부인과 합방한다. 게다가 그 부인에게 남편의 어리석음과 제반 상황을 설명하는데, 이야기를 들은 부인이 청년과 계속 관계를 유지하기로 마음먹는다. 결국 불륜이라도 죄책감에 시달리는 사람 하나 없이 모두가 행복하게 끝을 맺는다.

마키아벨리가 쓴 또 다른 희곡 「클리치아Clizia」도 「만드라골라」처럼 사랑과 속임수에 관한 것이다. 니코마코가 자기 집에서 자란 고아 소녀 클리치아에게 연정을 품는다. 그런데 니코마코의 아들 클레안드로도 클리치아의 미모에 반했다. 니코마코는 클리치아를 차지하고 싶은 마음에 그녀를 하인과 결혼시키고는 첫날밤에 하인으로 분장해 그녀를 기다린다. 하지만 다음 날 침대에서 발견한 사람은 클리치아가 아니라 다른 하인이었다. 니코마코의 부인이 모든 것을 눈치채고 일을 꾸민 것이다. 욕망을 위해 속고 속이는 적나라한 인간사를 해학으로 풀어낸, 르네상스기의 전형적인 희곡이라고 할 수 있다.

「만드라골라」와 「클리치아」는 중세에서 근대로 넘어가는 시기에 흑사병과 끝없는 전쟁 속에서 살아가는 인간에 대한 성찰이 돋보이는 희곡이다. 이 작품들에 드러난 마키아벨리의 문제의식은 그보다 앞선 피렌체 출신 작가 보카치오의 『데카메론』과 이어진다고 볼 수 있다. 세계의 급격한 변화 속에서 기존 종교와 도덕의식은 흐려져가는 가운데 갖가지 욕망을 품은 인간의 행복에 대해 물은 것이다. 인간을 움직이는 근본적인 힘은 도덕이나 종교가 아니라 욕망이라고 본 마키아벨리는, 물욕·성욕·권력욕·인정욕 등 갖가지 욕망과 그에 대한 추구가 과연 나쁜가를 묻는다.

연극 〈만드라골라〉(1977)

갈등과 분란 속에 탄생한 시민의 공화국

마키아벨리의 고향이라 피렌체에 갔지만 생가 터에서 표석밖에 볼 수 없어 실망한 것이 사실이다. 허전한 마음을 달래려고 찾아간 곳이 우피치미술관이다. 르네상스 회화의 걸작을 많이 보유한 것으로 유명한 우피치미술관은 피렌체를 넘어 이탈리아가 자랑하는 미술관이라는 명성에 걸맞게 바깥 회랑만 둘러봐도 가슴이 떨린다. 마키아벨리는 물론이고 단테, 다 빈치, 미켈란젤로 등 피렌체가 낳았으며 이탈리아의 자랑이 된 위대한 인물들을 생생한 조상彫像으로 만날 수 있기 때문이다. 이 중 단테는 중세를 끝내고 르네상스를 열었다는 점에서 주목할 만한 인물이다.

인류사에 이름을 남긴 연인으로 단테와 베아트리체를 빼놓을 수 없다. 단테는 아홉 살 때 처음 만난 베아트리체를 평생 사랑했다. 결혼은 다른 여자와 했지만 『신곡』에서 자신을 천국으로 이끄는 이상적 여성으로 베아트리체를 묘사하면서 그녀의 아름다움에 영원한 생명력을 주었다. 지금 우리에게는 지극히 자연스러운 이성異性에 대한 사랑이 당시에는 아주 새로운 것이었다. 그때까지, 즉 중세에는 신만 사랑했기 때문이다. 단테는 이렇게 신에서 인간으로 초점을 옮기면서 중세의 사랑법에 마침표를 찍는다.

대전환을 낳기 위한 고통이었을까? 인간의 감정이 넘실거리는 피렌체가 평온하지는 않았다. 오히려 분란이 끊임없이 일어났다. 첫 번째로 꼽을 수 있는 것은 기벨린과 겔프의 대립이다. 기벨린은 황제를 지지하는 황제파, 겔프는 교황에 의지하는 교황파다. 이들의

우피치미술관 회랑

피렌체는 여행자에게 친절한 도시다. 대성당에서 시뇨리아광장, 베키오궁, 우피치미술관을 거쳐 베키오다리까지 걸어서 30분 남짓 걸릴 만큼 가깝다. 광장에서 아르노강으로 가는 길에 자리한 우피치미술관 회랑에서는 피렌체를 빛낸 위인들을 조각상으로 만날 수 있다.

대립은 당시 유럽의 권력 지형을 대변한다. 11세기 후반에서 12세기에 걸쳐 이탈리아에서 서임권 투쟁, 즉 주교와 대수도원장을 교황이 아닌 군주가 임명할 수 있는가와 관련해 다툼이 벌어졌다. 당시 고위 성직자들은 교회의 일만이 아니라 토지 소유 같은 세속의 업무도 처리했다. 그래서 군주들은 자기 사람을 고위 성직자로 임명하고 싶어 했다. 하지만 교황은 당연히 이를 반대했고, 이런 긴장이 교황 그레고리우스 7세와 신성로마제국 황제 하인리히 4세의 대립으로 나타난다. 그리고 결국 이탈리아 북부의 카노사에서 사흘 동안 그레고리우스 7세에게 사면을 청한 하인리히 4세의 굴욕, '카노사의 굴욕'(1077)이라는 장면을 역사에 남긴다.

그런데 이 사건으로 교황이 무소불위의 권력을 갖게 된 것은 아니다. 황제가 무릎을 꿇었을 뿐 실리를 챙기면서 교황과 긴장 관계를 유지했다. 문제는 이탈리아 내부의 분열이다. 이탈리아 여러 도시의 권력투쟁이 외부의 힘에 의지하는 지경에 이르렀는데, 그 외부의 힘이 바로 교황과 황제에게서 나오기 때문에 교황파와 황제파로 갈라진 것이다. 로마에서 거리가 먼 이탈리아 북부의 도시들은 황제에 가까운 편이었고, 로마와 그 주변 도시들은 교황에게 의지했다. 게다가 내부 갈등에 따른 정권 교체도 자주 일어났는데, 피렌체가 바로 그런 도시다. 피렌체가 속한 토스카나 지역은 황제파와 교황파의 대립이 특히 심했다. 이 대립에서 승리한 교황파가 지배하게 된 피렌체는 몬테풀치아노·볼로냐·오르비에토 등과 동맹하고, 황제파가 장악한 피사·루카·시에나·아레초 등과는 대립했다.

마키아벨리는 다툼이 끊이지 않은 피렌체를 고대 로마와 비교하

에두아르트 슈보이저, 〈카노사성 앞의 하인리히 4세〉(1866)

그림 제목이 없다면 맨발에 머리를 풀어 헤치고 맥없이 서 있는 사내가 신성로마제국의 황제 하인리히 4세라는 걸 짐작조차 못 할 것이다. 그는 교황 그레고리우스 7세와의 대결에서 패배하고 파문당한 뒤, 교황을 만나 사죄하기 위해 이런 모습으로 사흘을 버텼다.

며 『피렌체사』 3권 1장에 이렇게 묘사했다.

로마에서는 인민과 귀족 사이의 대립이 말과 토론을 통해 다루어진 반면, 피렌체에서는 무기를 통해 다루어졌다. 반목의 경우 로마에서는 법을 통해, 피렌체에서는 수많은 시민들의 추방과 죽음을 통해 종결되었다. 로마에서는 그것들이 군사적 역량을 고양했지만, 피렌체에서는 그것을 없애버렸다. (…) 로마 민중은 귀족들의 사회에서 가장 높은 명예에 동참하려고 했다. 피렌체 민중은 귀족들을 배제한 채 혼자만의 지배권을 가지려고 했다. 그리고 로마 인민들의 요구가 더 이성적이고 합리적이었던 만큼 귀족에게 부여된 제한들도 수행하기 쉬운 것이었다. 이들은 쉽게 그리고 무기를 들지 않고서 양보했으며 몇몇 관점의 차이는 법을 통해 합의를 보는 식으로 해서 귀족들의 명예는 손상받지 않았고 민중은 만족할 수 있었다. 한편 피렌체 민중의 요구는 상처를 주는 것이었으며 부적절한 것이었다. 따라서 귀족은 모든 힘을 다해 자신들을 보호할 생각을 하게 되었고, 많은 시민들이 피를 보고 고향을 떠나야만 했다.

피렌체의 교황파는 승리한 뒤에도 다시 백당白黨과 흑당黑黨으로 분열되었다. 이들의 대립은 몇 차례 전투로 이어졌고 흑당이 정권을 잡는 것으로 끝났다. 이때 백당의 일원으로 추방당한 사람이 바로 단테다. 그가 피렌체로 돌아갈 기약이 없는 망명 중에 쓴 대서사시가 바로 『신곡』이다. 그는 이 작품에서 피렌체의 정치를 풍자하고 자신의 정적들을 비난한다. 비록 현실에서는 패했지만 작품을 통해 정적들을 지옥의 가장 깊은 곳에서 영원히 고통받게 한 것이다. 14세기에 쓰인 『신곡』이 지금도 읽히고 있으니, '영원히'라는 말이 과장은 아니다. 역시 펜이 칼보다 강하다. 이렇게 가혹한 복수는 아마 없을 것이다. 파벌 투쟁에 따른 음모와 모반과 정권 교체는 피렌체에서 오랫동안 일상이었다. 파벌 투쟁에서 진 사람에 대한 추방도 마찬가지다. 단테는 『신곡―천국편』 17곡에서 추방된 자의 비애도 드러낸다.

남의 빵을 먹고사는 맛이 얼마나 짠지,
또 남의 계단을 오르내리는 일이 얼마나
힘든 것인지를 너는 알게 될 것이다.

지금 산타크로체성당에 있는 단테의 묘는 유해가 없는 영묘다. 조국 피렌체는 추방당한 위대한 시인을 이렇게라도 기리며 위로하고 싶었을 것이다.

흑당이 정권을 잡은 피렌체는 평화롭지 못했다. 하지만 이런 분란 속에서도 안정과 평화를 향한 간절한 노력이 있었고, 그 결과로 인민정부가 구성된다. 피렌체의 상공업 발달이 시민들의 지위를 향상해 교황파나 황제파가 이들과 동맹할 수밖에 없었다. 전통 귀족으로 이루어진 황제파와 달리 교황파는 신흥 귀족과 시민들의 연합으로 구성되었기 때문에, 인민정부의 주도권을 시민들이 잡을 수 있었으며 이들이 전통 귀족의 정치적 특권을 제한하는 정책을 폈다. 중산층 시민, 상공업자들의 뜻을 반영한 공화적 국가를 건설한 것이다.

도시의 공기가 자유를 만든다

피렌체 사람들은 아주 세속적이었으며 도덕적 당위보다는 실제적 이익을 중시한 것 같다. 『군주론』15장에서 이를 확인할 수 있다.

> 이론이나 사변보다는 사물의 실제적인 진실에 관심을 경주하는 것이 낫다고 생각합니다. (…) '인간이 어떻게 사는가'는 '인간이 어떻게 살아야 하는가'와는 너무나 다르기 때문에, 일반적으로 행해지는 바를 행하지 않고 마땅히 해야 하는 바를 고집하는 군주는 권력을 유지하기보다는 잃기 십상입니다. 어떤 상황에서나 선하게 행동할 것을 고집하는 사람이 선하지 않은 많은 사람들에게 둘러싸여 있다면 그의 몰락은 불가피합니다. 따라서 권력을 유지하고자 하는 군주는 필요에 따라 부도덕을 이용하거나 이용하지 않을 수 있음을 배워야만 합니다.

도덕주의자보다는 현실주의자가 난국을 극복할 수 있다는 말이다. 현실주의자는 현 상황을 주시하고, 그에 맞춰 행동한다. 부도덕을 무조건 옹호하는 것이 아니라, 상황에 맞는 도덕 또는 부도덕을

산타크로체성당의 단테
특이하게도 이곳에 있는 단테의 묘는 유해가 없는 영묘다. 그가 정치적인 이유로 추방된 뒤 평생을 떠돌다 라벤나에 묻혔기 때문이다. 피렌체는 성당 앞에도 단테의 조각상을 세워 늦게나마 그를 기리며 위로하고 있다.

주장하는 것이다.

마키아벨리는 르네상스 시기에 태어나서 교육받고 활동했다. 르네상스는 흔히 고대의 부활로 이야기된다. 다시 말해, 고대 그리스·로마의 사상과 생활 방식에 대한 동경이며 모방이다. 고대 사상의 부활을 통해 신 중심의 세계관 속에서 인간의 본성을 폄하하던 중세를 극복했다는 것이다. 장원 경제에 기반을 둔 중세와 달리 르네상스는 도시의 상공업에서 싹텄다. 중세에 수도원이라는 지식 독점 공간에서 라틴어라는 성경의 언어를 배타적으로 습득한 수도사들은 유일신의 진리 속에서만 사고한 반면, 도시의 자유로운 상공인들은 경험적 지식으로 이익을 추구했다. "도시의 공기가 자유를 만든다"는 말이 있을 정도로 도시의 발달은 유럽인들이 살고 생각하는 방식을 바꿔놓았다.

피렌체는 피사를 통해 지중해로 흘러드는 아르노강을 끼고 있어서 공업용수의 공급과 상업에 유리했다. 따라서 자본주의 경제가 일찌감치 발달했다. 사실 중세 이탈리아는 베네치아와 제노바 같은 도시가 주도한 해상무역이 발달하면서 여러 가지 위험에 대비한 보험을 만들어냈고, 자산의 증가를 적는 차변과 자산의 감소를 적는 대변을 통해 이익과 손실을 일목요연하게 기록할 수 있는 복식부기를 도입하기도 했다. 『군주론』의 서술 방식을 보면, 한 행동이 일으킬 수 있는 여러 결과를 도출하고 비용과 이익에 따라 비교 분석한다. 더 유용하고 이익이 큰 쪽을 선택하라고 제시하는 것이다. 그러고 보면, 마키아벨리가 실리를 추구하는 상인의 감각을 정치에 적용했다고 할 수도 있다. 물론 그가 이익을 극대화하는 것이 정치의

15세기 말 피렌체 풍경

피렌체대성당은 처음 지어질 때부터 지금까지 변함없이 도시의 중심을 차지하고 있다. 한편 아르노강은 피렌체를 번영으로 이끈 젖줄이지만 잦은 범람으로 이런저런 상처도 남겼다. 도시로 흘러든 물의 높이가 1미터를 훌쩍 넘은 것만 해도 여러 번이고, 우피치미술관에 소장된 작품이 손상되는 일까지 있었다.

목적이라고 말하지는 않는다. 다만 인간이 이익을 기준으로 한 합리적 판단에 따라 행동하기 때문에, 그것을 분석하면 미래를 어느 정도 예측하고 최선의 결과를 이끌어낼 수 있다고 말한다.

마키아벨리가 종교를 정치적 효과 면에서 바라본 것도 그가 세속화된 증거라고 할 수 있다. 하느님의 영역이라서 그 권위에 도전하거나 비판할 수 없는 종교를 그가 인간의 눈으로 본 데는 피렌체 특유의 분위기가 작용했을 것이다. 피렌체 북쪽 도시 프라토에서 14세기에 활동한 거상 다티니Francesco Datini의 회계장부에 "하느님과 수익의 이름으로"라고 적혀 있었을 만큼 이탈리아의 도시들은 상업과 이익에 익숙했다. 이해관계에 따라 세상을 보는 순간 윤리와 도덕뿐만 아니라 그 종합체로서 종교는 힘이 약해지기 마련이다. 그러니 당시 기독교는 이자 수익을 반대했다. 노동의 대가로 거두어들이는 이익만 합당하다고 본 것이다. 단테도 『신곡』에서 고리대금업자를 지옥에 둔다. 그런데 피렌체의 부유한 상인들은 은행업자였다. 이들이 시장에서 긴 의자, 즉 이탈리아어로 '방코banco'에 앉아 환전을 비롯한 업무를 보았기 때문에 나중에 이 말이 은행을 뜻하게 되었다. 물론 영어 뱅크bank도 이 말에서 왔다. 어쨌든 피렌체는 당시 이탈리아에서 자본이 가장 많이 모이는 곳이었고, 이런 세속적인 힘을 기반으로 시민들이 공화국을 경험할 수 있었다.

상공업을 통해 자본을 축적하고 도시를 만든 시민들이 스스로 정치에 나섰다. 바로 도시 공화정의 대두다. 상공업자들은 동업조합인 길드를 만들고 자치적으로 운영했다. 평의회와 법정을 만들고 규칙을 정해, 밖으로는 배타적이지만 안으로는 공화적인 조합이었다. 이 중 힘이 세지고 발언권이 커진 조합들이 정부에 대표를 파견해 정치를 관할하는 체제가 성립된다. 물론 하층 노동자들에게까지 문호를 개방하거나 권력을 주지는 않았다. 하지만 전통 귀족들이 지배하는 체제, 신분제를 시민들이 참여하는 정치체제, 공화제로 바꾼 것은 분명하다. 이제 자유와 평등이 중요한 가치가 되었다. '자유'와 '인민'은 도시 공동체 시민들의 가슴에 불을 댕기는 구호였다.

벌거벗으면 우리 모두 똑같다

인민은 경제적·정치적 자유를 누리고 싶어 하고, 귀족은 자신의 우월한 지위를 이용해 지배하고 싶어 한다. 결국 갈등을 피할 수 없다. 문제는 이것을 어떻게 다루는가에 있다. 마키아벨리는 『로마사 논고』 1권 초반부에서 로마가 자유로운 공화정을 건설할 수 있었던 핵심적인 이유 중 하나로 '평민과 원로원 사이의 불화'를 든다. 물론 조화나 통합이 중요하다. 그러나 갈등이나 다름이 인정되지 않는 통합은 획일주의로 갈 수 있다. 다양성을 인정하면서 분열을 극복하고 통합으로 가야 한다. 이를 위해 필요한 것이 공공성과 개방성을 보장하는 제도와 문화의 확립이다.

앞에서 본 것처럼 피렌체는 귀족과 인민의 대립이 끊임없이 이어졌다. 르네상스 초기에는 봉건귀족과 도시 인민이 대립했고, 상공업의 발달로 도시가 성장하자 인민의 힘이 강해졌다. 인민이 귀족을 누르고 도시의 지배층이 되었다. 그런데 인민 내부에서 분화가

일어난다. 상공업과 은행업 등으로 부를 쌓은 인민들이 신흥 귀족
층을 형성한 것이다. 이들이 중소 상인과 노동자의 권리를 제한하
고 자신의 이익을 키우기 위한 정치를 한다. 결국 귀족과 인민의 갈
등이 다시 분출한다. 피렌체 정치의 이런 발전 과정을 잘 보여주는
두 가지 사건이 있다. 하나는 '정의의 법령 제정'이고, 다른 하나는
'치옴피의 난'이다.

1293년에 델라 벨라Giano della Bella가 주도해서 만든 정의의 법령
은 귀족의 특권을 제한하고 인민을 보호하는 것이 특징이다. 귀족
의 공무담임권이 제한되고, 귀족이 인민에게 저지르는 범죄에 대해
서는 가중처벌을 내렸다. 또한 열다섯이던 길드의 수를 스물하나로
늘렸다. 길드 숫자의 증가는 길드를 구성하는 권한을 시민에게 허
가했다는 것이다. 당시 피렌체는 길드의 연립정부가 다스리고 있었
다. 즉 길드를 구성한다는 것은 자기 목소리를 낼 수 있는 조직을 갖
는 데서 그치지 않고 정권에 참여할 가능성도 의미했다.

그런데 길드에는 대길드와 소길드가 있었다. 부유한 상층 길드
일곱 개와 중하층 길드 열네 개로 나뉜 것이다. 상층 길드의 직업군
은 법률가, 모직업자, 비단 상인, 의류업자, 은행업자, 의사·약재상,
가죽·모피업자였으며 중하층 길드에는 대장장이, 석수, 건축업자,
목수, 요리사, 숙박업자, 재단사, 무기 제조업자, 제혁업자, 포도주
업자, 열쇠제작자, 마구제작자, 푸주한, 기름생산자와 로프제작자
등이 속했다. 그리고 대길드가 부와 권력을 통해 소길드를 차별했
다. 중세에 벌어진 전통 귀족과 인민 간의 대립이 부유한 인민과 가
난한 인민 간의 대립으로 바뀐 것이다. 귀족, 즉 부자이며 권력을 가

진 엘리트와 일반 시민 간 대립이 양상을 바꿔가며 계속 일어났다. 게다가 인민 중심의 정권에서 소외받은 계층이 있었다. 바로 노동자 계층이다. 소상공업자들은 어쨌든 길드가 있었지만, 노동자들에게는 길드가 없었다. 길드가 없으면 자기 목소리를 낼 방법이 없다. 노동자들은 당연히 길드를 계속 요구하고 있었다.

1378년에는 결국 하층 노동자들의 불만이 터진다. 피렌체 양모 산업의 최하층에 있던 소모공, 즉 빗질로 양모의 긴 섬유를 골라 가지런하게 하는 노동자들이 반란을 일으켰다. 치옴피의 난을 이끈 디 란도Michele di Lando는 중간층의 인민들과 힘을 모아 정권을 손에 넣는다. 치옴피 정권은 노동자들의 새로운 길드를 인정하는 등 좀 더 민주적인 정책을 펼치지만, 급진적인 하층민과 대립하고 이를 불안 속에 지켜보던 중간층이 이탈한 데다 귀족층이 개입하면서 3년 만에 무너지고 말았다.

마키아벨리는 『피렌체사』 3권 중반부에서 치옴피의 난에 대해 말한다. 치옴피의 난이 일어나기 전 어지러운 상황을 설명하면서 양모 길드의 최하층민 중 한 사람이 동료들 앞에서 한 연설을 옮긴다. 마키아벨리가 역사를 서술할 때 생동감을 더하고 메시지를 전하기 위해 연설을 인용하는 경우가 많은데, 이 연설이 실제로 있었는지는 확실하지 않다. 이 연설은 신분제가 지배한 사회에서 평등한 세계관을 드러내 인상적이다. 그 일부를 옮겨보면 이렇다.

여러분! 그들이 무기로 여기는 핏줄의 장구함으로 우리를 폄훼해도 낙담하지 마십시오! 모든 사람은 똑같은 시작을 가지고 있기 때문에 동등하게 장구하며 자연에 의해 한 가지 방식으로 만들어졌습니다. 벌거벗으면 우리 모두 똑같다는 것을 알게 될 것입니다. 우리가 그들의 옷을 입고 그들이 우리의 옷을 입는다면, 의심의 여지 없이 우리는 고귀하게 그들은 비천하게 보일 것입니다. 왜냐하면 오로지 가난과 부만이 우리들을 다르게 만들기 때문입니다.

왕후장상의 씨가 따로 없다는 것이다. 인민정권의 발전을 통해 하층민도 정치의식을 충분히 갖추게 되었다. 권력과 부의 불평등은 천부적인 것이 아니라 정치적·사회적 관계에 따라 구성된 것임을 깨달았다. 반봉건·반신분제의 자유와 민주적 의식이 싹트고 있었다. 지금 피렌체 시민들은 디 란도의 조각상을 민중의 장소인 시장 건물에 두고 그를 기린다.

자본과 시민의식이 빚은 예술

피렌체의 길드는 경제 권력뿐만 아니라 정치권력까지 가졌고, 그들의 자긍심이 건축과 조각 같은 예술을 통해 표현되었다. 길드

치옴피의 난을 이끈 디 란도
오르산미켈레성당 남쪽에 자리한 메르카토누오보광장의 건물 벽에 디 란도 조각상이 있다. 당대 역사가들이 주목하지 않은 디 란도의 리더십을 『피렌체사』에 소개한 데서 마키아벨리의 근대성을 확인할 수 있다.

MICHELE DI LANDO

오르산미켈레성당

피렌체의 상공업자 동업조합인 길드가 배타적 이익집단이지만 그 내부는 공화적으로 운영되었다. 길드의 구성원들은 경제력을 바탕으로 정치권력에 접근했으며 자신들의 성당을 짓기도 했다. 그렇게 지어진 오르산미켈레성당은 수공예 장인 길드의 성당인 만큼, 규모는 작아도 화려한 실내장식으로 유명하다.

의 찬란한 역사는 두오모를 지나 피렌체 정치의 중심인 시뇨리아 광장으로 가는 길에서도 볼 수 있다. 바로 오르산미켈레성당이다. 곡물 시장으로 쓰던 이 건물을 14세기 후반에 피렌체의 강력한 길드들이 자신들의 성당으로 개조했다. 이 건물의 바깥 4면을 아름답게 장식하고 있는 피렌체 길드의 수호성인상은 르네상스기 조각가들의 솜씨와 길드의 자부심을 보여준다. 특히 도나텔로의 〈성 게오르기우스St. Georgius〉가 유명한데, 이는 갑옷이나 칼을 만드는 장인들로 구성된 길드의 수호성인이다. 이 성당이 피렌체의 유력 길드들과 관련되었다는 것은 주변 건물과 도로의 이름에서도 잘 드러난다. 오르산미켈레성당이 자리한 '비아 델 아르테 델라 라나'는 양모상 조합의 거리라는 뜻으로, 이 조합은 르네상스 시기에 피렌체가 부를 쌓는 데 가장 크게 공헌했다. 바로 앞에 있는 팔라초 아르테 델라 라나도 양모상 조합의 건물이었다. 피렌체는 그 안에서 상공업에 종사한 시민들 덕에 번영할 수 있었다. 이들이 축적한 자본이 문화와 예술을 부흥하게 했다. 도시를 대표하며 당시 이탈리아에서 최대 규모로 꼽힌 대성당을 자부심만으로 지을 수는 없었다. 즉 이들의 물적 기반이 결정적으로 작용했다.

부를 쌓는 데 심혈을 기울인 피렌체 사람들은 이익에 민감한 자본주의적 인간으로 다시 태어난다. 마키아벨리는 『군주론』 17장에서 이들이 "어버이의 죽음은 쉽게 잊어도 재산의 상실은 좀처럼 잊지 못한다"고 적나라하게 표현한다.

스위스의 문화사가인 부르크하르트는 르네상스 연구의 기념비적 저서로 꼽히는 『이탈리아 르네상스의 문화』에 자신이 살던 근대

유럽의 개인주의와 자유주의 정신을 담았다. 르네상스 시기에 영웅적 개인들이 암흑의 봉건시대를 넘어 자유를 바탕으로 창의성을 발휘하며 근대국가를 만들어냈다고 보았기 때문에, 그는 "예술품으로서 국가"라는 말을 할 수 있었다. 수많은 천재적 예술가들을 생각하면 그의 말에 고개가 끄덕여진다. 한편 20세기 독일 출신 역사학자 바론Hans Baron은 개인보다 정치적·사회적 배경에 주목했다. 『초기 이탈리아 르네상스의 위기The Crisis of the Early Italian Renaissance』에서 그는 르네상스의 꽃이라고 할 수 있는 피렌체를 만든 것은 시민들의 의식과 힘이었으며 이를 "시민 인문주의"라고 부를 수 있다고 했다. 나로서는 영웅적 개인과 시민의식, 시대적 배경의 상호작용으로 피렌체 르네상스를 이해하고 싶다.

치옴피 정권이 무너진 뒤 피렌체는 다시 귀족들이 지배하는 공화국이 된다. 그런데 지배층인 귀족 중에서도 귀족의 순수성을 강조하는 쪽과 인민에게 호의를 보인 쪽이 있었다. 후자 가운데 특히 메디치가가 눈에 띄기 시작한다.

천재 예술가와 시민의 합작품, 피렌체대성당

피렌체에서 대성당과 시 청사는 피렌체 사람들의 삶을 이루고 그들의 정체성을 드러내는 건축물이다. 메디치궁, 피티궁 같은 거대한 저택이나 궁전을 이 도시의 상징물로 생각하는 사람은 없다. 하지만 대성당과 시 청사는 피렌체 그 자체다.

특히 일본 영화 〈냉정과 열정 사이〉(2001)에서 인상적으로 등장하는 피렌체대성당의 온전한 이름은 산타마리아델피오레, 즉 꽃의 성모마리아 성당이다. 집을 뜻하는 라틴어 '도무스domus'가 어원인 두오모는 이탈리아에서 대성당을 가리키기 때문에 이탈리아의 여러 도시에 두오모가 있다. 피렌체의 대성당, 두오모는 바로 앞의 세례당과 옆에 있는 종탑과 본당 등 세 건물로 구성되어 있다. 피렌체 시민들은 이 가운데 중세에 건축된 '산조반니세례당'에서 세례를 받은 뒤에 '천국의 문'으로 불린 동쪽 문을 통해 성당에 들어갔다. 당대 최고의 조각가로 손꼽힌 기베르티가 1425~1452년에 만든 이 문은 구약성서의 이야기 열 가지가 새겨진 청동 장식으로 유명하다.

기베르티의 청동 장식이 새겨진 '천국의 문'

피렌체대성당의 천장화

　그런데 대성당 건축 가운데 단연 돋보이는 것은 쿠폴라, 즉 둥근 지붕이다. 이 지붕을 지은 브루넬레스키가 지금은 르네상스 건축의 문을 열었다고 높이 평가받지만 건축 당시에는 실패할 게 뻔한 계획을 내놓았다며 놀림받았다. 그가 지지대 구실을 할 기둥도 없이 지름이 42미터나 되는 지붕을 짓겠다고 했기 때문이다. 하지만 많은 사람들의 예상과 달리 그는 자신의 계획대로 거대한 지붕을 완성했고, 이 지붕은 오늘날 피렌체를 대표하는 건축물이 되었다. 대성당 주변에 방사형으로 뻗은 수많은 골목 곳곳에서 보이는 빨간 쿠폴라가 여행자에게는 아주 유용한 이정표이기도 하다. 사실 브루넬레스키는 로마에서 고대 건축을 공부한 덕에 이 위대한 업적을 남길 수 있었는데, 그 과정이 순탄하지 않았다. 앞에 말한 산조반니세례당의 문을 만들기 위한 공모에서 기베르티에게 지고 로마로 떠났으니 유학의 출발부터 발걸음이 무거웠을 것이다. 그러나 그는 실패를 성공의 거름으로 만들었다. 로마에서 웅장한 반원형 지붕이 있는 판테온을 보고 피렌체 두오모 지붕 설계의 영감을 얻었기 때문이다.

　두오모를 보면서 브루넬레스키의 천재성을 떠올리는 것이 당연하지만, 그가 재능을 발휘할 수 있는 무대를 만들어준 피렌체 시민들의 힘도 생각해봐야 한다. 당시 두오모를 통해 피렌체의 힘을 나타내고 싶었던 피렌체 사람들은 어마어마한 건축비를 시 예산으로

피렌체대성당 내부

감당하면서 캄비오가 설계안을 완성한 1290년대부터 건축이 마무리될 때까지 150년 가까운 세월을 기다렸다. 두오모를 처음부터 지금의 모습으로 계획하지는 않았는데, 시에나와 경쟁을 벌이다 규모가 점점 커졌고 쿠폴라를 세울 기술이 발전하지 못한 탓에 오랫동안 지붕 없이 둘 수밖에 없었다. 완공에 이르기까지 여기에 피렌체 르네상스의 과학과 예술이 온전히 투입된 것은 물론이다. 한마디로 인적, 물적 자원이 집중 투자된 것이다. 피렌체 시민들이 없었다면 브루넬레스키를 비롯한 천재들의 재능도 빛날 수 없었다.

한편 대성당 옆에 있는 85미터 높이의 종탑은 1334년에 설계와 건축을 시작한 조토가 죽은 뒤 제자들이 1359년에 완성했다. 형형색색의 아름다움이 아찔한 높이와 조화를 이룬 종탑의 하단부에 다양한 사람들의 모습이 새겨졌는데, 그중 벽돌공과 조각가가 눈에 띈다. 피렌체의 부를 쌓는 데 이바지한 조합 구성원의 힘이 반영된 것이다.

피렌체 시민들이 힘을 모아 만들어낸 두오모는 화려한 외부와 달리 내부 모습은 검소하고, 피렌체의 다른 성당들과 달리 도시의 유력자에게 영면할 공간을 내주지 않았다. 두오모는 피렌체 시민 모두의 예배 공간이었기 때문이다. 피렌체의 유력자들은 자기 가문의 예배당을 짓거나 후원하고, 죽은 뒤 그곳에 잠들었다. 메디치가의 무덤만 해도 메디치궁의 뒤쪽에 있는 산로렌초성당에 마련되었다.

군주국과 공화국 사이에서

현실 정치의 교훈

피렌체에 흥망성쇠를 새긴 가문

아르노강을 가로지르는 다리 중 가장 아름답다고 꼽히는 베키오다리는 피렌체뿐만 아니라 유럽에서 가장 오래된 다리다. 그래서 1345년 완공 당시 모습에 대한 기대가 컸으나, 1593년부터 금은방이 다리에 자리 잡아 고색창연과는 거리가 먼 화려한 느낌이다. 한편 베키오궁에서 강 건너 피티궁까지 이어지는 '바사리 통로'가 다리 2층에 있어서 다리 모양이 아주 독특하다. 그런데 베키오다리, 베키오궁, 피티궁이 모두 메디치가와 관련된 것이다. 메디치가 출신으로 토스카나 대공국을 지배한 코시모 1세가 일하는 공간인 베키오궁과 거주 공간인 피티궁을 정적의 위협으로부터 안전하게 오가기 위해 1565년에 화가이자 건축가인 바사리에게 은밀한 통로를 만들도록 했기 때문이다.

피렌체 근교 출신인 메디치가는 코시모 1세의 고조할아버지인 조반니 디 비치가 은행업으로 부를 쌓고 공익을 위한 기부를 아끼지 않으면서 명문으로 확실히 자리 잡았다. 메디치가와 상공업 도시 피렌체가 함께 발전한 것이다. 조반니의 아들 코시모는 파리와 로마를 비롯해 유럽의 여러 도시에 은행 지점을 열 만큼 가업을 키우고 학문과 예술을 적극적으로 지원해 죽은 뒤에 국부國父라는 존칭까지 얻었다. 그는 외교 활동에서도 두각을 나타냈는데, 적국 밀라노의 스포르차공과 동맹을 강화하는가 하면 베네치아·밀라노와 함께 로디평화조약을 맺어 계속된 전쟁으로 지쳐 있던 이탈리아반도에 일시적인 평화를 가져오기도 했다.

코시모는 현명한 사람이었다. 피렌체공화국의 실권을 잡았는데도 정치 공간인 시 청사 근처에는 나타나지 않기 위해 노력하고, 좋은 말 대신 당나귀를 타고 다니면서 자신을 낮췄다. 그가 이런 데는 이유가 있다. 한 사람에게 권력과 부가 집중된 것이 드러나면 반드시 견제가 따르기 때문이다. 실제로 메디치가의 힘이 나날이 막강해지는 데 불안을 느낀 귀족 세력이 1433년에 그에 대한 추방령을 내린다. 그는 이듬해에 시민들에게 환영받으며 제자리를 찾았지만, 메디치가에 대한 견제는 그 뒤로도 끊이지 않았다.

코시모와 달리 그의 아들 피에로는 자신의 권력을 굳이 숨기지

바사리 통로

베키오다리는 우리가 흔히 보는 다리와 달리 건물을 얹은 모양 때문에 단연 눈에 띈다. 다리를 직접 건너보면 그 건물이 금은방 상가라는 것을 알게 되는데, 2층까지 있어서 놀랍다. 다리의 2층은 메디치가 출신 군주인 코시모 1세가 정적의 위협으로부터 안전하게 오가기 위해 만든 통로로, 피렌체의 권력 다툼이 얼마나 심했는지를 보여준다.

메디치궁

피렌체의 역사와 떼어놓고 생각할 수 없는 메디치가가 살던 첫 번째 대저택으로, 나중에 리카르디가에 팔아서 정식 이름은 메디치리카르디궁이다. 피렌체에 공화국이 들어섰을 때 이곳에서 살다 도시 밖으로 추방된 메디치가는 권력을 다시 찾은 뒤에 거주 공간을 베키오궁으로 옮기고, 거기에서 다시 피티궁으로 갔다.

않고 정치의 전면에 나선다. 게다가 아버지가 관대하게 빌려준 자금을 거둬들여 지지자까지 등을 돌리게 하고 말았다. 마키아벨리의 논평에 따르면, 이때 돈을 돌려줘야 했던 사람들은 마치 자기 돈을 빼앗기는 것처럼 화를 내며 피에로에게 탐욕스럽다는 비난을 퍼부었다. 돈은 앉아서 주고 서서 받는다는 말이 맞는 모양이다. 어쨌든 이렇게 피에로의 인기가 떨어지자 귀족들은 다시 메디치가의 권력을 빼앗으려고 했다. 피에로와 다른 귀족들의 대립은 밀라노와 맺은 동맹을 갱신하는 데서 나타났다. 피에로는 아버지의 정책을 이어받아 베네치아의 공격에 대비하려면 밀라노와 강력한 동맹을 유지할 필요가 있다고 보았지만, 반대파와 합의를 이루지 못했다. 반대파가 메디치가를 제압해야 한다는 대의에만 합의하고 구체적인 방법 면에서 갈라져 있었기 때문에, 피에로는 자기 사람들로 정부를 구성하고 반대파를 추방했다. 추방된 사람들이 베네치아에 도움을 구했지만 메디치가를 위협할 수는 없었다. 문제는 평생 통풍을 앓던 피에로가 자기 사람들의 권력 남용을 막지 못하고 죽었다는 것이다. 마키아벨리는 『피렌체사』에서 피에로가 좀 더 오래 살았다면 추방한 사람들을 피렌체로 불러들였을 것이라고 말한다. 피에로는 피렌체에 분열 대신 평화와 통합을 가져오고 싶어 했기 때문이다.

1469년, 피에로가 사망하고 그의 아들 로렌초가 스무 살 나이로 지배자 자리에 오른다. 명실상부한 지배 가문의 후계자로서 교육받은 그는 메디치가와 피렌체의 번영을 절정으로 이끌어 나중에 '위대한 자'라고 추앙받는다. 그러나 1478년에 파치가의 습격으로 동생 줄리아노를 잃는 아픔을 겪는다. 메디치가와 불화한 교황 식스

투스 4세의 후원을 받은 파치가는 로렌초와 줄리아노를 죽이고 피렌체의 주도권을 쥐려고 했다. 두오모에서 열리는 미사를 틈탄 습격에서 줄리아노는 처참하게 칼에 찔려 죽고 로렌초는 상처만 입는다. 모반이 실패한 것이다. 파치가 사람들은 피렌체의 전통적 구호인 '자유와 인민'을 외치며 자신들이 메디치가의 독재에서 피렌체를 구하려 했다고 시민들을 선동했다. 하지만 시민들은 두오모에서 벌어진 스물다섯 살 꽃다운 청년의 죽음을 받아들이지 않고 오히려 음모에 가담한 사람들을 잡으러 다닌다. 결국 파치가 사람들은 도망가거나 잡혀 죽임을 당했다.

로렌초는 파치가의 음모를 수습하고도 곧 위기를 맞는다. 음모의 뒤에 있던 교황이 나폴리 왕과 손잡고 피렌체에 전쟁을 선포해, 나폴리 군대가 피렌체 영토를 침입한 것이다. 하지만 로렌초는 도움을 받을 수 없었다. 동맹이던 밀라노가 내부 문제 탓에 원군을 파견할 형편이 아니었기 때문이다. 이때 로렌초가 혼자 적진인 나폴리로 향한다. 교황과 나폴리 왕 중에서 더 믿을 만한 협상 상대를 찾아간 것이다. 결국 로렌초는 나폴리 왕과 평화조약을 맺는 데 성공하고 돌아와 영웅이 되었다. 시민들이 보기에 그는 조국을 위해 목숨이라도 바칠 각오로 혼자 적국에 뛰어들어 평화를 찾아온 지도자였다.

피렌체를 위기에서 구한 로렌초는 정권 강화에 힘쓰는 한편 국제 관계의 중요성을 파악해 자녀들의 결혼으로 이탈리아의 다른 세력들과 동맹한다. 아울러 교회의 힘을 빌리기 위해 둘째 아들 조반니를 성직자로 만들었다. 그가 뒷날 교황 레오 10세가 된다. 이렇게 로렌초가 여러 면에서 포석을 깔았지만 1492년에 그가 죽고 맏아

베르나르도 바론첼리의 교수형

피렌체가 낳은 천재 다 빈치의 그림이다. 로렌초 데 메디치는 파치가의 음모로 죽은 동생 줄리
아노의 원수를 철저히 갚았다. 사건 당일부터 며칠 동안 수십 명을 죽인 데 이어, 직접 칼을 휘
두르고 피렌체 밖으로 도망친 바론첼리를 인력과 인맥을 동원해 1년 넘게 쫓은 끝에 피렌체
로 잡아다 교수형에 처했다. 또 이 비극을 통해 '압도적인 권력이 필요하다'고 생각했는지, 아
들과 조카를 교황으로 키워내기도 했다.

들 피에로 2세가 권좌에 오른 뒤에는 내정이든 외교든 제대로 되는 게 없었고, 1494년에는 메디치가가 피렌체에서 쫓겨나는 지경에 이른다. 코시모가 피렌체의 실질적 지도자가 된 1434년 이래 60년 만에 메디치가가 권력을 잃은 것이다.

사실 피렌체의 어디를 가든 메디치가의 손길을 느끼는 것은 어렵지 않다. 산마르코수도원도 그런 장소다. 메디치궁 근처의 리카솔리길을 따라 북쪽으로 올라가면 오른쪽에 피렌체 외곽을 오가는 버스들이 정차하는 조그만 광장이 나온다. 산마르코광장이다. 바쁘게 움직이는 버스들 너머로 보이는 소박한 건물이 바로 산마르코수도원이다. 코시모의 후원으로 지금의 모습을 갖춘 이곳은 도미니크수도회 소속 성당이자 수도원이며 안젤리코 수도사의 그림 〈수태고지〉가 있는 곳으로 유명하다. 그러나 산마르코수도원이 내 관심을 끈 것은 중세에 유행한 성경의 모티브를 원근법 같은 근대적인 회화 기법으로 표현한 이 유명한 그림보다는 피렌체공화국 역사에 큰 영향을 미친 두 인물, 코시모와 사보나롤라다. 코시모는 자신의 저택과 가까우면서 수도사들이 세상을 등지고 검소하게 생활하는 이 수도원을 후원했다. 수도사들이 기거하는 작은 방들 중 하나에 자신의 기도실을 마련하기도 했다. 또 다른 인물인 사보나롤라에 관해서는 다음 절에서 살펴볼 것이다.

산마르코수도원

〈수태고지〉를 비롯해 안젤리코의 그림이 많아서 안젤리코미술관이라고도 불리는 산마르코수
도원은 국부 코시모 이래 메디치가에서 적극적으로 후원했다. 메디치가는 프랑스의 샤를 8세
가 이탈리아를 침공한 위기 상황에서 프랑스에 적대적인 정책을 폈다가 몰락했다. 이 수도원의
원장이던 사보나롤라는 이런 위기를 예언하고 사람들의 신임을 얻어 정권을 잡았다는 점에서
메디치가와 운명이 엇갈렸다.

무장하지 않은 예언자 사보나롤라

이쯤 되면 뭔가 이상하다고 느낀 독자가 있을 것이다. 앞에서 분명히 피렌체 '공화국'이라고 했는데, 메디치가가 대를 이어가며 권력을 쥐고 있었으니 말이다. 피렌체의 정치가 왜 이렇게 됐는지 살펴볼 필요가 있다.

피렌체에서 '시뇨리아'는 최고 행정기관을 뜻했으며 갖가지 길드를 대표하는 의원 여덟 명과 최고 의원에 해당하는 통치자 곤팔로니에레 등 선출직으로 채워졌다. 선거는 길드 회원 중 나이, 재산, 출신 가문 등 여러 조건을 따져보고 고른 후보들의 이름을 적어 가방에 넣고 임의로 뽑는 것이었다. 원칙상으로는 후보를 고를 때부터 공정하게 비밀을 유지해야 하지만, 유력 가문인 메디치의 코시모는 선거를 관리하는 위원회를 장악해 시뇨리아를 자기 사람들로 채웠다. 물론 선거의 공정성을 의심하는 사람들이 있었다. 그러나 코시모가 대표하는 메디치가는 막강한 자금력을 바탕으로 다양한 후원 활동을 펼치면서 사람들의 반발을 잠재우는 능력 또한 탁월했다. 공화국을 유지하는 공적 제도가 유명무실해지고 메디치가의 사적인 지배가 중심이 된 피렌체에서는 평등한 관계가 사라지고 지배와 복종, 추종 관계만 남게 되었다. 메디치가가 몇 차례 겪은 추방은 명목상 공화국이 사실상 군주국으로 운영되면서 겪을 수밖에 없는 긴장을 보여주는 셈이다.

시뇨리아광장에 자리 잡고 있는 베키오궁, 즉 시뇨리아궁은 행정부의 수장으로 뽑힌 사람들이 살던 곳이며 시민들이 모여서 중요한 결정을 내리던 곳이다. 이탈리아 총리를 지낸 렌치Matteo Renzi도 피렌체 시장 시절에 이곳에서 업무를 보았다. 르네상스 이래 대성당 두오모와 시뇨리아궁은 피렌체 시민들의 자랑이었다. 15세기 말 그림(43쪽)에서도 두 건물이 가장 두드러지게 표현된 것을 볼 수 있다. 오늘날 시뇨리아궁을 베키오궁, 즉 '옛 궁전'이라고 부르는 것은 코시모 1세가 피티궁을 새 저택으로 삼고 원래 살던 시뇨리아궁은 집무실로 썼기 때문이다. 시뇨리아궁 앞에는 '로지아데이란치', 즉 용병의 회랑이라는 공간이 있다. 지금은 복제 조각상이 전시되어 있지만, 과거에 코시모 1세를 경호하던 용병이 대기하던 곳이라서 붙은 이름이다. 그런데 메디치가 지배에 앞선 공화정 시기에는 시민들이 여기 모여서 시정에 대해 토론했다. 군주제가 시민의 토론 공간을 경호 부대의 대기 장소로 바꾼 것이다.

한편 시뇨리아광장 중앙 바닥의 동판에 주목할 필요가 있다. 관광객이 많지 않다면 쉽게 눈에 띄는 이 동판은 놀랍게도 어떤 사람의 화형 장소를 표시한 것이다. 불행의 주인공은 메디치가의 피에로가 떠난 피렌체를 장악한 사보나롤라다. 그는 '대평의회'를 설치해 시민들이 폭넓게 참여할 수 있는 공화정을 만들려고 했지만, 교황과 메디치파 가문들의 저항에 부딪히면서 4년 만에 화형장의 재로 사라진다.

상공업의 발달로 자본이 축적된 피렌체에서 메디치가는 시민들의 호의를 얻기 위해 축제를 자주 베풀었다. 흘러넘치는 자본에 기초한 고대 문화의 부활은 세속적인 삶에 대한 애착을 드높이는 한편 가톨릭교회의 타락과 맥을 같이했다. 마키아벨리가 말했듯이 교

시뇨리아광장 모퉁이에서 만난 베키오궁과 용병의 회랑

피렌체에서 가장 뜨거운 정치 현장이었다고 할 만한 이곳에서 군주정과 공화정의 차이가 분명하게 드러나기도 했다. 공화정 시기에 시민들이 모여서 시정을 토론하던 회랑이 메디치 군주정하에서는 코시모 1세를 경호하던 용병들의 대기 장소가 되었기 때문이다.

황청의 타락은 종교에 대한 일반 민중의 믿음까지 흔들리게 했다. 그리고 이런 세태에 대한 반성을 불러일으켰다. 13세기부터 이단에 반대하며 제대로 된 믿음을 설파하기 위한 운동이 있었는데, 이를 대표하는 것이 바로 프란체스코수도회나 도미니크수도회의 운동이다. 사보나롤라는 도미니크수도회의 일원으로 피렌체에서 도시의 타락과 교황청의 부패를 비난하는 설교를 하고 있었다. 이 설교가 시민들의 마음을 얻었다. 1497년에는 '허영의 소각'이라는 피렌체판 분서갱유가 일어났다. 피렌체 사람들에게서 경건한 신앙심을 빼앗고 죄를 불러일으키는 화장품, 옷, 도서, 예술품 등을 광장에서 불태웠다. 이것은 피렌체의 세속 문화에 대한 거부였다. 앞에서 본 것처럼 세속적인 쾌락과 아름다움을 추구하는 문화는 메디치가가 주도했다.

한편 알프스 이북에서 신의 심판이 도래할 것이라는 사보나롤라의 예언처럼 프랑스의 샤를 8세가 이탈리아를 침공했다. 이런 위기 상황에 메디치가는 프랑스에 적대적인 정책을 펴서 몰락하고, 혼란을 수습하기 위해 나선 사보나롤라의 추종자들은 정권을 잡는다.

사보나롤라는 유일신을 섬기는 가톨릭 신자답게 정부 형태에서도 공공선을 추구하는 왕정이 가장 좋은 체제라고 보았지만, 유연하게 사고할 줄 알았다. 각 나라의 개별적이고 특수한 상황을 고려해야 가장 좋은 정부 형태를 알 수 있다고 생각한 것이다. 이에 따라 그는 공화제의 전통과 역사가 깊은 피렌체에는 시민 정부 형태가 가장 적절하다고 생각했다. 그리고 많은 시민들이 정치에 참여할 수 있도록 대평의회 제도를 제안했다. 대평의회는 선거권과 피

사보나롤라와 그의 화형 장소를 나타내는 동판

피렌체 사람들의 신앙심을 되찾는다면서 '허영의 소각'을 벌인 사보나롤라(1452~1498)는 정치에 발을 들여놓고도 정치 현장이 아니라 산마르코수도원의 기도실에 머무르는 패착을 두었다. 결국 집권 4년 만에 화형당하는 처지가 된 그를 통해 유연한 사고와 현장의 중요성을 생각해본다.

선거권을 가진 시민들이 모두 참여하는 의회였다. 공무원의 선거뿐만 아니라 법률의 최종적 통과 등이 대평의회에서 이루어졌다. 이를 통해 사보나롤라는 메디치가와 그 측근들의 배타적 정치를 극복하려고 했다.

하지만 앞에 말한 것처럼 사보나롤라의 집권은 오래가지 못했다. 교황청의 타락을 대놓고 비판했다가 교황의 견제를 받았으며 피렌체에 남은 친메디치 귀족들의 훼방도 거셌다. 게다가 사보나롤라는 정치 현장이 아니라 산마르코수도원의 기도실에 있었다. 이 모든 이유가 사보나롤라와 측근들을 화형장으로 내몬 것이다.

마키아벨리는 『군주론』 8장에서 사보나롤라를 무장하지 않은 예언자라고 비판한다. 이 비판은 정치와 종교가 분리되지 않은 시기의 상황에 유연한 대처를 역설한 것이다. 종교적 신념을 전파하기 위해 정치 영역에 발을 들여놓았다면 당연히 정치의 논리를 따랐어야 했는데 사보나롤라는 여전히 수도원에서 설교라는 수단에만 의지했다. 그사이 반대파와 교황은 갖가지 정치적 수단을 동원해 그를 압박했고, 결국 그는 실패했다. 물론 그가 교황청의 타락을 비판한 점에서 나중에는 루터로 이어지는 종교개혁의 선지자로 추앙받기도 한다.

사보나롤라의 몰락을 알리는 동판을 보면서 인간이 유연하게 행동하는 것이 얼마나 어려운지를 생각해본다. 성직자가 정치가로 변하기는 쉽지 않았을 것이다. 그런데 정치는 예술이라는 말이 있다. 마키아벨리는 여러 저작에서 정치가는 끊임없이 질료의 상태를 잘 파악해야 한다고 했다. 그래야 자신이 생각한 이데아를 잘 표현해

사보나롤라의 연설

루드비히 폰 랑게만텔의 그림 속에서 사보나롤라는 피렌체의 허영과 타락을 비판하는 설교
로 사람들의 마음을 사로잡는다. 공직 진출을 코앞에 둔 20대 후반의 마키아벨리에게도 사보
나롤라의 성공과 몰락은 강한 인상을 남겼을 것이다.

낼 수 있고, 형상과 질료의 조화 속에서만 성공할 수 있다는 것이다. 조각가가 자신의 머릿속 형상만 고집할 때, 질료로서 원석은 그것을 거부한다. 조각가를 정치가로 바꿔 말하면, 정치가의 오만은 현실에서 외면당하는 것이다.

피렌체 시민들을 위한 정치 공간인 시뇨리아광장에는 시민들에게 메시지를 전달하는 상징물들이 자리 잡고 있다. 뛰어난 조각가들의 작품으로 가득한 이곳에 미켈란젤로의 〈다비드〉와 반디넬리의 〈헤라클레스와 카쿠스〉도 있다. 〈다비드〉는 설명할 필요가 없을 정도로 유명한 작품이다. 미켈란젤로는 이 작품을 통해 대리석에 생명을 불어넣었다는 찬사를 받으며 천재의 반열에 올랐다. 물론 시뇨리아광장에는 복제본이 있고, 원본은 산마르코성당에서 가까운 아카데미아미술관에 있다. 반디넬리로서는 운 나쁘게도 〈헤라클레스와 카쿠스〉가 〈다비드〉와 비교되기에 딱 좋은 자리에 있어서, 후대 사람들이 그의 작품을 '멜론 덩어리'라고 부르며 미켈란젤로에 대한 경외심을 표현했다.

사실 미켈란젤로와 반디넬리는 조각가로서 재능뿐만 아니라 정치적인 성향 면에서도 많이 비교되었다. 먼저, 〈다비드〉는 공화정 시민의 애국심을 대변한다. 소년의 몸으로 골리앗이라는 거인 장군을 쓰러트리고 조국을 구했으니 말이다. 공화정 시기 수많은 외침과 혼란을 극복하려고 한 시민들의 애국심을 이만큼 잘 표현할 수는 없을 것이다. 그래서 이 작품이 시민들의 공간인 시 청사 앞에 세워진 것이다. 그런데 메디치가가 지배하던 시기에 만들어진 〈헤라클레스와 카쿠스〉는 성격이 조금 다르다. 고대 신화에서 소 떼를 훔

〈다비드〉 그리고 〈헤라클레스와 카쿠스〉

베키오궁 정문을 좌우에서 나란히 지키고 있는 두 조각상은 각각 미켈란젤로와 반디넬리의 작품이다. 두 사람 모두 피렌체 출신이고 반디넬리가 미켈란젤로의 영향을 받았지만 좋은 사이는 아니었다고 한다. 미켈란젤로가 반메디치 성향으로 의심받은 반면, 반디넬리는 피렌체에서 추방당한 메디치가의 재산을 보관하고 있다가 고스란히 돌려준 형을 둔 덕에 메디치가의 호의를 한껏 누렸기 때문이다.

친 카쿠스는 포악하고 오만한 인물이다. 카쿠스가 겁도 없이 헤라클레스에게 도전했다가 몽둥이찜질을 당한다. 까불다 혼나지 말라는, 시민들을 향한 메디치가의 경고였다.

외교와 국방을 맡은 공무원 마키아벨리

피에로의 실정으로 피렌체에서 추방당한 메디치가는 끊임없이 복귀를 추진하다 1512년에 에스파냐군의 도움으로 다시 피렌체에 입성한다. 그리고 일찍이 성직자로 키운 조반니와 줄리오를 각각 교황 레오 10세와 클레멘스 7세로 만드는 데 성공한다. 줄리오는 파치가의 음모로 처참하게 죽은 줄리아노의 아들이다. 로렌초가 조카를 보살펴 교황으로 키운 것이다. 클레멘스 7세는 1527년에 신성로마제국 황제 카를 5세가 이끈 신교도 군대가 로마를 약탈했을 때 교황으로서 수모를 겪지만, 1530년에 카를 5세와 화해하고 그 힘을 통해 메디치가가 피렌체를 다시 차지하게 한다. 코시모 1세가 피렌체를 지배하게 된 것이다. 이때부터 수백 년간 피렌체는 메디치가의 지배하에 들어간다.

마키아벨리는 1498년 사보나롤라가 죽은 다음 달부터 메디치가가 복귀하는 1512년까지 피렌체의 제2서기관과 10인위원회 위원을 맡아 일한다. 그가 시뇨리아궁으로 출근하기 위해 베키오다리를 건넜을 것이다. 당시 다리를 차지하고 있던 것은 금은방이 아니라 푸줏간이다. 다리에서 푸주한들이 시끄럽게 흥정하는 소리를 듣거나 도축 뒤 나온 부속물이 강으로 던져지는 것을 봐야 했다. 이런 시민들의 삶터가 메디치 군주 통치하에서 화려한 금은방으로 바뀐다.

제2서기관은 외교, 10인위원회는 국방을 맡는 자리였다. 마키아벨리는 특히 1502년에 종신직 정의의 기수로 임명된 소데리니Piero Soderini의 총애를 받았다. 정의의 기수는 피렌체 정부의 최고위직이었다. 전통적으로 공화국에서는 폭군의 출현을 우려해 임기를 엄격히 제한했다. 피렌체에서 공화국의 개혁이라는 과제를 앞에 두고 행정 주도권을 쥐려고 하는 귀족파와 더 많은 참여를 바라는 인민파 간의 대립이 큰 문제였다. 그리고 양측이 타협한 결과가 바로 종신직인 정의의 기수다. 귀족파는 귀족 출신인데 야망이 없어 보인 소데리니를 그 자리에 앉혔고, 소데리니는 지지 세력이 미비한 자신에게 힘이 될 심복으로 귀족이 아니고 대학을 나오지도 않았지만 능력이 출중한 마키아벨리를 발탁했다. 어쨌든 마키아벨리는 외교와 국방을 맡은 뒤에 이탈리아의 각 도시국가뿐만 아니라 프랑스와 독일까지 돌아다니며 정세를 보고했다. 그의 보고서는 간결한 데다 핵심을 잘 담아, 당시 정부의 많은 인사들이 돌려 읽었다고 한다.

사실 마키아벨리는 귀족이 아니었기 때문에 전권대사가 되지는 못했다. 그의 주요 임무는 외교의 핵심 업무 중 하나인 정세 파악과 보고였다. 피렌체를 대표해 결정을 내리는 것이 아니라, 결정하는 데 도움이 될 정확한 정보를 제공하는 것이었다. 물론 그의 정치적 식견이 피렌체의 통치자들에게 인정받았기 때문에 이런 일을 할 수 있었다. 그는 이때 얻은 경험을 통해 정치적 지혜와 실용적 사상을 형성했다.

그의 외교 업무는 크게 두 가지로 나눌 수 있다. 하나는 피렌체 정부를 대신해 다른 국가의 황제나 군주를 만나 의견을 교환하는 것이고, 다른 하나는 피렌체 영향하에 있는 지역에 가서 문제를 파악하는 것이었다. 교황군 총사령관이자 전제군주였던 보르자, 프랑스왕 루이 12세, 독일 신성로마제국의 막시밀리안 1세, 교황 율리우스 2세 등이 다 이런 일을 하며 만난 사람들이다. 이들을 만난 경험은 그의 저작에 중요한 소재로 쓰인다. 예컨대 1502년 피렌체 정부가 당시 위협적 존재이던 보르자의 속마음을 파악하기 위해 마키아벨리를 파견한다. 마키아벨리는 이때 만난 보르자의 행적과 그에 대한 정치적 평가를 나중에 『군주론』7장에 담았다. 당시 마키아벨리가 쓴 편지 가운데, 용병대장들을 사로잡은 세니갈리아 사건에 대한 박진감 있는 묘사가 눈에 띈다.

발렌티노공(보르자)의 군대가 세니갈리아로 쳐들어가 오르시니와 비텔리를 잡아들였다. 도시는 계속 약탈당하고 있다. 지금은 밤 11시다. 내 명령을 수행할 사람이 아무도 없기 때문에 이 편지를 부칠 수 있을지 아주 불안하다. 다음에 더 자세히 쓰겠다. 내 생각으로는 그들(오르시니와 비텔리)이 내일 아침까지 살아남지 못할 것이다.

1507년에는 마키아벨리가 전권대사 베토리Francesco Vettori를 보좌해 독일로 파견된다. 막시밀리안 1세가 밀라노를 침략하려고 했기 때문이다. 밀라노는 이미 프랑스의 지배하에 있었으므로, 막시밀리안 1세의 침략은 프랑스와 독일의 대결을 의미했다. 프랑스와 동맹

알브레히트 뒤러, 〈막시밀리안 1세의 초상〉(1519)

마키아벨리는 『군주론』에서 막시밀리안 황제를 우유부단한 인물로 평가한다. 신하들에게 자신의 계획을 알리지 않아 의중을 파악하기 힘든 데다, 뒤늦게 조언을 들으면 시도 때도 없이 계획을 바꾸는 탓에 그의 결정을 신뢰할 수 없게 만든다고 보았다.

관계에 있던 피렌체로서는 불안한 마음에 사정을 알아볼 필요가 있었다. 이때 막시밀리안 1세와 그의 궁정을 관찰한 결과가 『군주론』과 『로마사 논고』 곳곳에 담겨 있다. 마키아벨리가 독일에서 받은 인상이 그의 사고에 중요한 영향을 미친 것이 분명하다. 그가 보기에 독일의 힘은 자유로운 도시에서 나왔다. 인민이 귀족과 자유롭고 평등한 관계 속에서 생활하기 때문에 질서가 잘 잡혀 있으며 이런 상황에서 강한 군대가 나올 수 있다고 보았다.

외교와 국방 업무를 맡았던 마키아벨리는 강한 군대를 키우는 데 관심이 많을 수밖에 없었을 것이다. 국방과 관련해 그의 주요 업무는 피렌체의 용병을 상대하는 문제였다. 특히 피렌체의 지배를 받다가 샤를 8세가 침입한 때를 틈타 독립한 피사를 수복하는 것이 가장 큰 문제였다. 이탈리아어로 용병대장이 '콘도티에레condottiere'인데, 계약을 뜻하는 '콘도타condotta'에서 온 말이다. 즉 용병대장은 한 나라와 계약하고 전투를 벌이는 집단의 우두머리다. 당시 피렌체는 주변국과 벌이는 전투에 용병을 내보냈는데, 마키아벨리가 이 용병에 관해 큰 어려움을 겪었다. 용병들이 말을 잘 듣지 않고 전투를 건성으로 했기 때문이다.

그런데 마키아벨리가 보기에는 용병들의 이런 태도가 당연했다. 그들은 자기 자신과 가족이 살고 있는 조국을 위해 싸우는 게 아니라 계약에 따라, 돈을 위해 한시적으로 싸웠다. 전투에서 이기는 것이 중요하지만, 목숨을 잃지 않는 것이 더 중요했다. 전투에서 죽으면 돈이 무슨 소용인가? 따라서 그들은 목숨 걸고 싸우지는 않았다. 전쟁에서 속전속결은 보기 힘들고, 승자도 패자도 없이 지루하게 이어지는 전투가 많았다. 게다가 고용국이 그들을 통제할 수단이 부족했기 때문에 그들은 대개 안하무인이었다. 대표적인 예가 전투를 앞에 두고 사보타주에 나서면서 돈을 더 요구하는 것이다.

문제는, 정치와 경제가 밀접히 연관되어 있었다는 점이다. 당시 이탈리아에서 북쪽의 밀라노공국과 베네치아공화국, 중부의 피렌체공화국과 교황국, 남쪽의 나폴리왕국 등이 강대국으로 꼽혔다. 이 나라들이 영토 확장 경쟁을 벌인 탓에 군대가 필요하고 전쟁이 잦았다. 피렌체는 용병을 쓰기 때문에 전쟁을 빨리 끝내고 이득을 취해야 했지만, 지루하게 이어지는 전쟁 탓에 용병에게 지급하는 보수만 늘어났다. 결국 재정에서 가장 큰 몫을 차지하는 세금을 내는 시민들이 경제적으로 압박을 받을 수밖에 없었고, 이것이 정권의 동요와 국가의 위기를 낳았다. 용병 문제는 국방뿐만 아니라 정치와 경제의 문제였다.

이런 상황을 일찍이 인식하고 있던 마키아벨리는 피렌체 사람들을 모아 훈련해서 군대를 구성했다. 물론 이 과정이 순탄하지만은 않았다. 예나 지금이나 군대에 누가 가려고 하겠는가? 피렌체 시민들은 생계를 핑계로 댔다. 가장 크게 반대한 집단은 귀족이었다. 인민에게 무기를 주었을 때 그것이 자신들을 향할까 봐 두려웠기 때문이다. 그래서 나온 절충안이 피렌체 근교 농촌에서 군인을 모으는 것이다. 그들의 생계에 손해를 끼치지 않게 확실히 보상한 결과 군대를 구성할 수 있었다. 소데리니의 전폭적인 지지와 마키아벨리의 노력에 힘입은 결과였다. 이 군대로 피렌체가 1509년에 피사를 점령한다. 자신이 만든 군대로 피사를 점령한 뒤 피렌체로 개선 행진을 했을 때, 아마 이때가 마키아벨리의 삶에서 최고의 시간이었을 것이다. 당시 분위기는 그가 동료 베스푸치Agostino Vespucci에게 받은 편지에 잘 드러난다.

이처럼 영광된 장소에 당신이 함께했음을 축하합니다. 그리고 이 일에 결코 적지 않은 역할을 한 데 대해서도 치하드립니다. 감히 말하건대, 당신이 민병대와 같은 훌륭한 조직을 만들어내었기에 그처럼 늦지 않고 신속하게 피렌체의 영토가 회복될 수 있었다고 생각합니다. 무어라 말씀드려야 좋을지 모르겠군요. 신께 맹세컨대, 너무 기뻐서 우리는 당신에게 키케로식 연설이라도 바치고 싶은 심정입니다.

— 로베르토 리돌피, 『마키아벨리 평전』, 180~181쪽

마키아벨리가 살던 시기 피렌체에는 공화국을 떠받치는 시민적 요소와 그것을 대체하는 대가문들의 과두제적 요소, 1인 지배의 군주제적 요소가 혼재하고 있었다. 마키아벨리가 태어난 1469년에 피렌체는 명목상 공화국이면서 메디치가의 지배하에 있었다. 이때는 특히 병약하던 피에로 데 메디치가 죽고 로렌초 데 메디치가 스무 살 나이로 권좌에 오른 해다. 로렌초가 지배하는 피렌체에서 성장한 마키아벨리는 메디치가의 몰락 그리고 사보나롤라의 집권과 실각을 목도한다. 그 뒤 피렌체공화국의 공무원이 된 마키아벨리는 잘사는 나라, 강한 군대를 만들기 위해 각고의 노력을 기울였다. 민병대를 구성한 것에서 볼 수 있듯이 그에게 시민은 공동체의 핵심

세력이었다. 피렌체는 영웅이나 천재 몇 명만 사는 나라가 아니기 때문이다. 그러나 메디치가의 코시모나 로렌초가 확인시킨 것처럼 힘 있는 가문과 개인은 결코 무시할 수 없는 존재다. 같은 시민이라도 모든 조건이 똑같을 수는 없다. 오늘날에는 이를 대중과 엘리트, 일반 시민과 지도자 또는 팔로워와 리더의 문제라고 할 수 있을 것이다. 이런 점에 비춰볼 때, 마키아벨리가 고민한 지점이 생각보다 우리와 멀지 않다.

『피렌체사』에 담긴 메디치가에 대한 평가

마키아벨리를 메디치가와 떼어놓고 설명할 수는 없다. 피렌체의 정치·경제·문화 등 모든 분야를 좌지우지한 메디치가 없이 르네상스를 생각할 수 없는 것과 마찬가지다.

마키아벨리는 메디치가가 우여곡절 끝에 피렌체의 군주 가문으로 자리 잡는 시기에 살았다. 메디치가가 군주 가문으로 성장하면서 몇 번의 곤란을 겪는데, 그것은 피렌체 시민들의 공화정 복귀 운동 때문이었다. 마키아벨리는 메디치가를 대체한 공화국 정부를 위해 일했고 메디치가가 다시 집권한 뒤에는 어떤 관직도 맡지 못했으니, 그와 메디치가는 분명히 대척점에 자리했다고 볼 수 있다. 그런데 우리가 메디치가에 대해 자세히 알 수 있는 책 한 권을 마키아벨리가 남겼다. 바로 1520년에 메디치가의 의뢰를 받아 집필하기 시작한 『피렌체사』다. 마키아벨리는 가문이 아니라 피렌체를 중심

메디치궁 내부

폐쇄적인 외관과 달리 내부는 개방적이고 화려하다. 볼거리가 가득한 피렌체에서 상대적으로 관람객이 적은 이 저택에서 가장 인기를 끄는 것은 궁 내부에 만든 예배당 벽의 프레스코화 〈동방박사의 행렬〉이다.

에 두고 이 책을 쓰면서 자연스럽게 메디치가의 역사와 그에 대한 평가를 담았다. 조국을 위해 다시 일하고 싶었지만 메디치가가 의심을 거두지 않은 상황에서 나온 그의 역사 서술을 눈여겨보지 않을 수 없다.

『피렌체사』에서 가장 먼저 등장하는 메디치가 사람은 살베스트로다. 1378년에 정의의 기수가 되기도 한 그는 인민 편에서 귀족의 특권을 제한하려고 했다. 메디치가의 그다음 수장은 비에리 또는 비에리 디 캄비오로 불린 사람이다. 마키아벨리의 서술에 따르면, 귀족들의 억압에 불만을 품은 인민들이 무기를 들고 그에게 찾아가 자신들을 위해 권력을 잡아달라고 부탁한다. 그런데 마음만 먹었으면 피렌체의 지배자가 됐을 그가 오히려 사람들을 설득해 무기를 내려놓게 한다. 내전 탓에 불어닥칠지 모를 피바람을 막으려고 한 것이다. 한편 교환, 환전을 뜻하는 '캄비오'가 이름에 붙은 데서 알 수 있듯 그는 은행을 세워 유럽 각지에 지부를 두었다. 그와 동업한 친척 중 한 명이 우리가 앞에서 본 조반니 디 비치다.

사업 수완이 좋던 조반니는 특히 교황청의 금고 관리를 맡으면서 막대한 이익을 거둘 수 있었다. 유럽 곳곳에서 교황청으로 모이는 자금은 엄청난 것이었다. 조반니는 큰 부자인데도 귀족에게 더 많은 부담을 지우는 재산세 형식의 새 조세제도를 도입하는 데 찬성하면서 인민의 지지까지 얻었다. 그에게 아들이 둘 있었는데, 첫째가 코시모고 둘째가 로렌초다. 앞에서 본 것처럼 코시모와 그 자손들이 메디치가의 힘을 강화했다면, 로렌초 집안에서는 코시모 1세가 나왔다.

조반니의 아들 코시모가 몸은 낮췄지만 피렌체의 선거제도를 무의미하게 하면서 사실상 지배자로 군림했기 때문에 그에 대한 견제가 끊이지 않았다고 했다. 명문 귀족인 알비치Rinaldo degli Albizzi도 코시모를 제거해야 피렌체에 안정이 온다고 생각했다. 그래서 귀족파가 정부의 주요 구성원이 되자 코시모를 잡아들여 처형하라고 권했다. 하지만 코시모가 매수를 비롯한 여러 방법을 동원해 사형 대신 추방형을 받았고, 얼마 있다 피렌체로 복귀했다. 메디치가가 우위를 유지했지만 귀족파의 위세도 여전했기 때문에 메디치파와 귀족파의 대립은 계속되었다. 마키아벨리가 『피렌체사』에서 당시 귀족파를 이끈 카포니Neri Capponi와 코시모를 비교한 대목이 흥미롭다. 카포니는 공적인 방식으로 명성을 얻어서 친구가 많고 당파의 추종자는 적은 반면, 코시모는 권력을 위해 공사의 구분 없이 온갖 방식을 다 써서 친구뿐만 아니라 당파의 추종자도 많다는 것이다. 그리고 이런 인물 평가에 앞서 그의 시민관과 국가관을 알아보는 데 중요한 단서가 되는 대목도 있다.

『피렌체사』7권 1장에 따르면, 시민이 명성을 얻는 방법은 두 가지가 있다. 하나는 공적인 방식이고, 다른 하나는 사적인 방식이다. 공적인 방식은 "전투에서 승리하거나, 한 도시를 획득하거나, 조심히 사려 깊게 임무를 완수하거나, 공화국에 현명하고 알맞은 조언을 하는 것 등"이다. 사적인 방식은 "이런저런 시민을 이롭게 하거나, 그를 행정관으로부터 보호하거나, 그를 돈으로 도와주거나, 그에게 분에 넘치는 명예를 수여하거나, 놀이나 공적 증여를 통해 평민들의 환심을 사거나 하는 등으로 명성을 얻는 것"이다. 마키아벨리는 사적인 방식에서 파벌과 당파가 나타난다고 했다. 이런 식으로 얻은 명성은 많은 해를 끼친다.

사실 마키아벨리는 이런 언급을 통해 코시모의 행위를 비난한 것이다. 물론『피렌체사』나『로마사 논고』곳곳에서 코시모의 현명함을 칭송하기도 한다. 예컨대 카포니가 죽어 경쟁할 당파가 없어진 뒤 오만해진 나머지 멋대로 군 메디치파 귀족들을 제어한 코시모를 칭송한 것이다.

코시모의 플라톤 아카데미 운영도 빼놓을 수 없다. 메디치가의 전폭적인 후원 속에 피치노Marsilio Ficino를 비롯한 플라톤 아카데미 소속 학자들이 그리스어 문헌을 번역하고 플라톤 철학을 되살리면서 르네상스 인문주의에 기여했기 때문이다. 그런데 메디치가와 플라톤 철학의 부활에 대해서는 다시 생각해볼 필요가 있다. 플라톤 철학은 국가 구성원들의 계급을 나누고, 각 계급이 맡은 일에 최선을 다해야 한다는 기능론적 관점이 있다. 특히 철인왕은 진리를 파악할 힘이 있는 지배자로 평가된다. 사실 피렌체에는 브루니Leonardo Bruni처럼 아리스토텔레스의 전통을 계승한 인문주의자도 있었고, 그가 펴낸 저작은 대개 공화국의 시민과 자유와 애국심을 옹호하는 것이었다. 이렇게 비교해보면, 자유와 공화국에 대해 설파한 아리스토텔레스 대신 철인왕을 주창한 플라톤의 부흥은 피렌체의 정치적 현실이 반영된 것이다. 메디치가는 점점 힘을 키웠고, 그들이 나라의 주인이라는 것은 누구나 아는 사실이 되었다. 공화국은 허울뿐이고, 실재는 군주국이었다. 이런 상황에서 군주로서 메디치가의 정치 이념을 뒷받침하는 근거로 플라톤주의가 이용된 것이다.

베노초 고촐리, 〈동방박사의 행렬〉(1461)

로렌초 데 메디치의 아버지가 주문해서 고촐리가 그린 작품으로, 메디치가 사람들의 초상이 그림 곳곳에 담겼다. 왼쪽 하단에 남색 옷을 입고 나귀를 탄 사람은 국부 코시모고, 그 앞에 흰 말을 탄 사람은 그의 아들이자 그림 주문자인 피에로, 가장 화려한 차림으로 역시 화려하

게 장식된 말에 탄 동방박사는 나중에 위대한 자라는 별명으로 불리는 로렌초다. 재미있는 것은 이 그림이 그려질 때 로렌초는 열 살밖에 안 된 어린이였다는 사실이다. 메디치가의 미래를이끌 로렌초가 어떤 대접을 받았는지 짐작할 수 있는 대목이다.

마키아벨리는 코시모의 뛰어남과 업적을 다 인정하면서도 그가 사적인 방식으로 권력과 명성을 얻어 공화국에 해를 끼쳤다고 본다. 시민들이 국가가 아닌 메디치가에 충성하도록 했기 때문이다. 시민들을 부패시켰다는 가장 큰 죄를 메디치가가 지었다.

'위대한 자'로 칭송받은 로렌초는 어떤가? 파치가의 끔찍한 습격을 받았지만, 결과적으로는 이 사건 때문에 메디치 군주국이 빨리 자리 잡았다고 볼 수 있다. 그 배경은 크게 두 가지다. 첫째는 시민들의 마음이 자유보다는 호혜와 영웅을 바라는 쪽으로 기울었다는 것이다. 두 번째는 반대 세력을 제거하면서 군주가 될 가능성이 더 커졌다는 것이다. 첫 번째 배경과 비슷한 예를 로마공화국 말기 카이사르 암살 사건에서 볼 수 있다. 당시 로마 시민들은 권력의 집중 때문에 자신들의 자유정체가 무너지고 있다는 것을 깨닫지 못했다. 그래서 시민들은 카이사르를 암살한 브루투스를 비난했다. 카이사르의 영웅적 행위와 풍모와 그가 시민들에게 베푼 호혜에 더 마음이 끌린 시민들은 공화국보다 군주국을 선호했으며 이런 상황이 결국 로마공화정의 몰락으로 이어졌다.

공화정이 군주정으로 바뀌려면 시민들이 자유보다 복종에 익숙해져야 하며 군주가 되려는 인물 또는 가문이 있어야 한다. 이들에게는 경쟁자들이 있기 마련이다. 경쟁자는, 공화정이 유지되기를 바라는 엘리트일 수 있으며 스스로 군주가 되려고 하는 인물일 수도 있다. 경쟁에서 이겨야 군주가 될 수 있다. 흔히 모반은 경쟁에서 불리한 쪽이 일으키는데, 그것이 실패하면 역풍이 기존 관계를 빠르게 강화한다. 마키아벨리는 고금의 사례를 통해 이런 현상을 강조했다. 『군주론』과 『로마사 논고』와 『피렌체사』에서 음모에 대해 길게 설명한 것이다. 로렌초가 지배자의 자리에 오른 해에 태어난 마키아벨리는 파치가의 습격이 일어났을 때 겨우 아홉 살이었지만, 이 사건이 그의 기억에 강하게 남아 음모에 관한 지속적인 관심을 불러일으킨 것 같다. 거리에 공범자들의 목이 내걸리고 시체가 나뒹굴었으니 그럴 법도 하다. 귀족 간의 대립, 인민과 귀족의 대립, 인민 간의 대립이 끊이지 않던 갈등과 분열의 도시 피렌체에서 음모는 일상이자 중요한 정치 행위였다. 하지만 음모는 대개 실패로 끝났고, 그것이 의도와 다르게 상황을 악화시켰다. 상대방을 돕는 결과를 낳았다. 파치가의 음모를 비롯한 역사적 사례를 통해 마키아벨리는 시의적절한 행동의 중요성과 기다릴 줄 아는 마음과 지혜 등에 대해 생각했다.

로렌초는 1492년에 사망한다. 마키아벨리는 『피렌체사』 8권 36장에서 그가 상업에 두각을 나타내지 못하고 크게 손해를 보자 부동산에 눈을 돌렸다고 평한다. 그리고 그의 건물은 일반 시민의 것이라기보다는 군주의 것이었다고 말한다.

> 그는 상업적 이익은 제쳐두고 안정적이고 고정된 종류의 부로서 부동산에 눈을 돌린다. 프라토·피사·발디페사 근처에 부동산을 개발했는데, 쓰임이나 건물의 질이나 위용에서나 그것들은 일반 시민이 아닌 군주의 것이었다.

마키아벨리에 따르면, 군주의 모습과 권력을 가진 로렌초가 피렌체를 더 아름답고 위대하게 꾸몄다. 그는 상대적으로 평화로운 시기를 이용했다. 건물과 도로를 새로 만들고, 축제를 많이 열었다. 학문과 예술을 장려했다. 로렌초 자신이 시인이기도 했다. 그는 행운과 하느님이 가장 사랑한 사람이었다는 것이 마키아벨리의 평가다. 그가 시도한 것은 모두 잘 되었고, 그의 적들은 모두 파멸을 맛보았다. 마키아벨리는 로렌초가 사려 깊고 다양한 능력이 있었기 때문에 명성이 날로 높아갔다고 했다.

1525년 5월, 마키아벨리가 메디치가 출신의 교황 클레멘스 7세에게 『피렌체사』를 바친다. 피렌체를 지배한 메디치가의 의뢰에 따라 지은 책이기 때문에, 메디치가 사람들을 허심탄회하게 평가할 수는 없었을 것이다. 그럼에도 메디치가의 군주적 지위와 성향을 분명히 드러내 보인다. 메디치가 사람들의 능력이 뛰어났다는 점은 부정할 수 없다. 하지만 정치적 의미와 효과에 대해서는 다르게 해석할 수 있다. 마키아벨리는 메디치가의 군주화를 공화정에 해로운 것으로 파악했다. 개인적 평가와 정치적 평가는 엄연히 다르다. 뛰어난 수장들 덕에 메디치가는 성공 가도를 달렸다. 개인이나 가문이라는 사적 차원에서는 좋다. 하지만 국가 차원에서는 군주정의 대두이자 공화정의 몰락으로 나타났다. 마키아벨리는 성장하는 편이 아니라 쇠락하는 편에 섰다. 그것이 옳다고 생각했기 때문이다.

마키아벨리는 메디치가를 더 혹독하게 비판하고 싶었을 것이다. 메디치가에 대한 부정적인 평가는 그의 저작에서 어렵지 않게 볼 수 있다. 『군주론』에서 군주는 모름지기 자신의 권력을 탐하기보다는 제도 개혁을 통해 강한 나라를 만들어야 한다고 역설했다. 하지

메디치가 문장

피렌체뿐만 아니라 이탈리아를 대표하는 명문가로 꼽히던 메디치가의 문장이다. 통일국가를 비교적 늦게 이룬 만큼 혼란 속에 도시별, 가문별 경쟁이 극심하던 이탈리아에서는 내부의 결속을 다지기 위해서라도 이런 상징이 필요했을 것이다.

만 메디치가는 그렇게 하지 못했다. 『로마사 논고』와 『피렌체사』에는 사적 이익을 위해 사적인 방법을 사용하는 메디치가에 대한 비판이 적혀 있다. 공화정을 옹호하는 현실주의자 마키아벨리는 피렌체가 직면한 메디치가의 군주적 권력을 인정하지 않을 수 없었다. 그래서 메디치가의 권력이 피렌체를 더 강한 나라로 만드는 데 쓰일 수 있도록 설득하는 방법으로 비판적 지지를 택했다. 바로 이것이 마키아벨리를 군주제의 옹호자로 보이게 했다. 그러나 그는 군주제를 옹호하지 않았다. 자유를 누려온 피렌체에는 공화정이 더 어울린다는 생각을 분명히 드러냈다. 그는 군주제를 지지해서가 아니라 메디치 군주 가문이 이미 장악한 권력을 제대로 사용하기를 바라서 『군주론』을 썼다.

기구한 피티궁 그리고 귀족과 민중

피렌체의 피티궁은 이름에서 드러나듯 귀족 가문인 피티가의 저택이었는데 나중에 메디치가에게 넘어간다. 상인이자 정치가로서 메디치가에 경쟁심을 품은 루카 피티Luca Pitti가 건축을 시작하면서 메디치가의 저택보다 크게 지으라고 했다는데, 그는 말년에 재정 상태가 나빠졌고 저택이 완공되는 것도 못 본 채 죽고 말았다. 게다가 후손이 메디치가의 군주에게 팔아넘겨버렸으니 첫 건축주와 그가 품은 뜻을 생각하면 안됐다는 마음이 든다.

코시모 1세는 피티 저택을 궁전으로 쓰면서 피렌체 시내의 다른 대저택들에 비해 눈에 띌 만큼 규모를 키웠다. 현재 거대한 박물관이 된 피티궁에 있는 보볼리정원만 해도 서유럽 절대군주들의 호사스러운 정원을 미리 보여준 것 같다. 보볼리정원의 별명이 '이탈리

피티궁

보볼리정원

아의 베르사유정원'이지만, 만들어진 시기를 따져보면 보볼리정원이 베르사유정원보다 100년 가까이 앞선다. 더 오래된 보볼리정원이 베르사유정원의 지명도에 밀린 것이다.

피렌체 시내에는 일반 시민과 귀족 들이 이웃으로 같이 살고 있었다. 귀족 가문의 저택 가까이에 그 가문이 후원하는 시민들이 모여 사는 식이었다. 이런 거주 방식 때문에, 귀족 가문들 사이에 다툼이 벌어질 때 집단적으로 방어할 수 있었다. 하지만 같은 이유에서 귀족들은 항상 공격 위험에 노출되었다. 귀족이 민중의 지지가 필요할 때라면 물론 그들과 가까이 살 수밖에 없지만, 민중의 힘이 필요하지 않을 때 또는 민중과 대치할 때라면 어떻겠는가? 피렌체의 단순한 귀족이 아니라 군주가 된 메디치가는 시민들 사이에 있을 필요가 없었다. 파치가의 음모 탓에 가문의 중요한 인물을 잃는 아픔을 겪은 메디치가로서는 자기 가문 경계 밖에 있는 사람들을 더욱더 경계하게 되었을 것이다. 메디치가의 거주 공간이 시의 중심에서 외곽인 피티궁으로 옮겨졌다는 것은 시민들이 더는 정치의 중심에 있지 않다는 뜻이었다.

마키아벨리에게 영향을 준 사람들

• 로렌초 데 메디치

1449년에 태어났다. '국부'라는 호칭을 받은 할아버지 코시모의 뒤를 이어 '위대한 자'로 불릴 만큼 메디치가를 전성기로 이끌었다. 메디치가를 대표하는 문화·예술 후원 활동으로 피렌체 르네상스를 꽃피운 것이다. 다 빈치와 미켈란젤로를 비롯해 수많은 예술가들이 로렌초의 후원을 받았다. 1478년에 일어난 파치가의 암살 시도에서 자신은 부상을 입는 데 그쳤지만 동생 줄리아노를 잃은 뒤 철저히 복수하며 피렌체에 피바람을 일으켰다. 파치가의 편에서 음모에 가담한 사람들의 시신이 시뇨리아궁에서 내걸리

로렌초 데 메디치

거나 아르노강에 던져졌으니, 메디치가에 반기를 들면 어떤 꼴을 당하는지 확실하게 보여준 셈이다. 파치가가 메디치가를 제거하려고 일으킨 사건이 결과적으로는 메디치가의 피렌체 지배를 강화했다. 이렇게 변화무쌍한 현실이 만들어내는 뜻밖의 결과를 어릴 때 보았기 때문에 마키아벨리가 현실주의자로 성장했을 수도 있다. 1492년에 죽은 로렌초의 무덤은 산로렌초성당에 있다.

• 지롤라모 사보나롤라

1452년에 페라라에서 상인의 아들로 태어났다. 의사이자 대학교수인 할아버지의 교육을 받았는데, 그를 의사로 키우려는 할아버지의 뜻과 달리 신학과 철학에 관심이 많았고, 결국 도미니코수도원에 들어갔다. 수도회의 발령에 따라 피렌체 산마르코수도원의 강사로 일하다 볼로냐로 갔다. 그런데 교회 개혁을 외친 그의 이미지를 이용하려는 메디치가

사보나롤라의 화형 장면을 묘사한 그림

에서 그를 다시 피렌체로 불러들였고, 그는 얼마 있다 산마르코수도원장으로 뽑힌다. 그는 메디치가가 씨를 뿌린 세속적 축제를 종교 행사로 바꾸면서 피렌체 개혁에 나섰다. 샤를 8세의 침입으로 쫓겨난 메디치가의 자리를 차지하지만, 피렌체 내의 정적들과 교황 알렉산데르 6세의 집요한 공격을 받아 결국 집권하고 4년 만인 1498년에 시뇨리아광장에서 화형당한다.

· **체사레 보르자**
타락한 교황의 대명사인 알렉산데르 6세의 아들이다. 그가 태어난 1475년에는 알렉산데르 6세가 추기경이었다. 아버지의 지대한 관심을 받으며 성장한 보르자는 10대 중반에 이미 교회의 주교가 되었고, 피사대학에서 공부하면서 메디치가와 교류했다. 위대한 자로렌초 데 메디치의 아들이자 훗날 레오 10세가 되는 조반니가 보르자와 같은 나이로 피사대학에서 공부하고 있었다. 교황인 아버지와 프랑스 왕의 지원을 받으며 이탈리아 로마냐 지역의 군주가 되려고 했다. 마키아벨리가 이상적인 군주의 모습으로 여길 만큼 리더십을 발휘해 강력한 군대를 갖췄지만, 1503년에 아버지가 죽고 적대적 관계에 있던 율리우스 2세가 교황이 되면서 감금당하는 신세가 된다. 스페인 땅으로 이감되었다가 탈출한 뒤 자신이 주교로 있던 나바라 지역의 군대를 통솔하지만, 1507년에 배신자의 성을 공격하다 적의 손에 끔찍한 죽임을 당한다.

· 프란체스코 귀차르디니

1483년에 피렌체의 명문 귀족가에서 태어났으며 마키아벨리와 절친했다. 페라라와 파두아의 대학에서 법을 공부하고 정치가와 역사가로서 활약했을 뿐만 아니라 사업적 감각도 뛰어나 큰돈을 벌어들였다. 인민 중심의 공화정을 구상한 마키아벨리와 귀족 중심 공화정을 지향한 그가 오랫동안 교류하면서 서로 사상적으로 성숙하는 데 도움을 받았다. 가벼워 보일 만큼 자신을 드러낸 마키아벨리와 달리 귀차르디니는 차갑고 신중했다. 귀차르디니가 다양한 경험을 통해 얻은 세상 사는 지혜를 모아 후세를 위한 『회고록 Ricordi politici e civili』을 만들었는데, 이 책이 지금까지 독자의 사랑을 받으며 그는 처세의 달인으로 불린다. 1540년에 죽을 때까지 큰 시련 없이 영화를 누렸다.

귀차르디니가 말년에 집필한 『이탈리아사 Storia d'Italia』

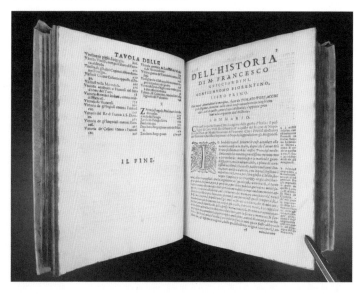

무엇이 강한 나라를 만드는가

『로마사 논고』 읽기

독서와 토론으로 소통하는 인문주의자

마키아벨리는 소통을 즐긴 사람이다. 메디치가의 군주정이 강화되면서 공직에서 물러나 세상에 참여하고 소통할 길이 막혀버렸을 때 그는 사람이 모이는 곳을 찾아다녔다. 그중에서도 당시 지식인과 엘리트 들의 정원 모임이 적극적으로 이용되었다. 오리첼라리정원은 젊은 귀족들과 소통하는 공간이었다. 지금 피렌체 중앙역 서남쪽에 자리한 오르티 오리첼라리는 마키아벨리에게 특히 중요한 공간으로, 피렌체의 유력 가문인 루첼라이 집안이 소유한 정원이었다. 여기서 피렌체 명문가의 젊은이들과 마키아벨리가 독서와 토론을 함께 했다. 피렌체에서 새로 부활하는 인간에 대한 관심이 정원 모임의 문학, 철학, 신학, 천문학 등에 관한 독서와 토론이라는 시민적 방식으로 드러난 것이다.

정원 모임에 참여한 젊은이들은 부와 영향력뿐 아니라 훌륭한 자질을 갖춰 장차 피렌체 정치를 이끌 만한 잠재력이 있었다. 마키

오리첼라리정원

마키아벨리의 저술에서 인간의 본성에 대한 통찰이 돋보이는 것이 어쩌면 그가 끊임없이 사람들과 소통하기를 즐긴 덕인지도 모르겠다. 그는 메디치가의 손에 공직에서 쫓겨난 뒤에도 사람들과 함께하는 독서와 토론을 즐겼다. 그리고 이런 경험이 『로마사 논고』 집필로 이어졌다.

아벨리가 대부분 공화정의 이상에 공감한 젊은이들과 교류한 결과, 로마공화정을 정치의 모범으로 서술하며 당대 이탈리아와 피렌체 정치를 비판한 『로마사 논고』를 썼다고 볼 수 있다. 이 책은 그가 모임에서 특히 가까이 지낸 부온델몬티Zanobi Buondelmonti와 루첼라이Cosimo Rucellai에게 헌정된다. 당시에는 잠재적인 후원자에게 자신이 쓴 책을 바치는 것이 관행이었지만, 마키아벨리는 이 책의 가치를 제대로 알아봐줄 인물들을 택한 것 같다. 모임을 주관한 루첼라이는 마키아벨리의 또 다른 책 『전술론』에서 중요한 화자로 등장하고, 부온델몬티는 메디치가에 대항하는 공화주의 운동과 관련되어 나중에 조국을 떠나야 했다. 피렌체의 미래를 이끌고 갈 젊은이로서 공화주의라는 대의에 공감했기에 이 두 사람에게 마키아벨리가 책을 헌정한 것이다.

베르나르도 루첼라이 거리에서 잘 살펴보면, 루첼라이정원이 있었다는 푯말이 눈에 띈다. 하지만 정원처럼 보이는 공간을 거리에서 찾을 수는 없다. 정원의 흔적이 현재 사유지에 속해 있기 때문이다. 역사적인 공간을 확인하려면 염치없이 남의 집 초인종을 눌러야 한다. 행운의 여신이 도와 집주인의 허락과 안내를 받아야 오리첼라리정원을 볼 수 있는 것이다. 행운 덕에 직접 본 작은 동굴 같은 건물과 나무들로 이루어진 공간이 언제 지어졌는지는 확실치 않다. 그러나 그 안에 있어 보면 500년 전에 마키아벨리가 젊은 친구들과 함께 나라의 미래와 공화정에 대해 뜨겁게 논의하던 곳이라는 것을 쉽게 짐작할 수 있다. 루첼라이가의 후손들도 선조와 마키아벨리의 인연을 기억하고 싶었는지, 오리첼라리정원이 있던 곳에 세워진 건

오리첼라리정원의 마키아벨리 돋을새김

마키아벨리가 젊은 귀족들과 소통하던 정원의 모습이 언제 어떻게 변했는지를 정확히 알 길은 없다. 다만 정원 건물에 새겨진 그의 이름을 통해 그가 살았을 때나 죽은 뒤에나 적어도 이곳에서는 환대받는다는 느낌이 들었다.

물 안에 마키아벨리의 이름이 다른 이탈리아 르네상스 거장들의 이름과 함께 새겨졌다.

현재의 답을 과거에서 찾다

마키아벨리의 대표작으로 『군주론』을 꼽는 사람들이 많지만 『로마사 논고』를 그보다 더 중요하게 보는 이도 있다. 그가 공직에서 물러난 뒤 인문주의자들과 함께한 정원 모임을 통해 『로마사 논고』를 쓰기 시작했는데, 세상에 다시 나갈 기회가 되기를 기대하며 메디치가에 바친 『군주론』 집필 작업이 끼어들었다. 하지만 메디치가는 끝내 그를 견제하며 일할 기회를 주지 않았고, 그는 죽을 때까지 『로마사 논고』와 『피렌체사』 등 역사 집필에 몰두한다. 앞에 말한 것처럼 피렌체 사람들은 그를 역사가로 기억하며 그가 역사를 연구하지 않았다면 『군주론』을 쓸 수도 없었을 것이다. 이런 점에서 그의 역사 저술이 중요하다.

마키아벨리는 공직에서 외교와 국방 업무를 맡아보며 피렌체와 이탈리아가 놓인 상황을 잘 파악하고 있었다. 그리고 그가 진단한 문제는 바로 '무력함'이었다. 강대국들이 자국의 이익을 위해 전쟁까지 일으키는 약육강식의 세계에서 약소국은 강대국의 힘 앞에 내던져졌다. 구체적으로 말하면, 알프스 북쪽의 강대국들이 이탈리아반도로 내려와 사사건건 간섭하던 시기였고, 이를 겪은 마키아벨리의 문제의식은 강한 나라를 만드는 데 있었다.

『로마사 논고』는 찬란한 고대 로마와 마키아벨리가 살면서 본 나약한 피렌체를 비롯한 이탈리아 국가들을 비교한다. 이 책에서 보는 로마의 위대함은 국가의 구성에 있었다. 로마는 국가를 구성한 주요 세력인 귀족과 인민의 협치協治가 가능했다. 이것이 바로 로마 공화정이다. 귀족은 원로원을 통해, 인민은 호민관과 민회를 통해 그들의 이해관계를 대변하며 정치에 참여했다. 그리고 이들의 견제와 균형 속에 어느 한 계층의 독재를 막을 수 있었다. 물론 이들의 협치가 항상 순조로웠던 것은 아니다. 기본적으로 귀족은 지배하려는 경향이 있기 때문에 인민은 저항하고 요구했다. 그 결과, 억압과 착취를 막는 법률이 만들어졌다. 법치 속에 자유가 보장된 것이다. 자유가 보장되는 시민들의 참여로 군대가 구성되자 로마의 힘은 더 강력해졌다. 시민들로 이루어진 군대가 외적의 침입을 막아내고 강력한 제국을 건설하게 한 것이다.

마키아벨리가 로마공화국이라는 창을 통해 바라본 피렌체는 로마와 달리 자기 군대가 없어서 외국의 지원군과 돈을 주는 용병에 의지했다. 귀족과 인민이 협력하지 않고 대립하게 되자, 그들은 서로를 믿지 못했다. 인민을 못 믿으니 그들에게 무기를 줄 수 없는 지배층인 귀족들은 용병을 쓰게 되었다. 귀족과 인민이 함께 참여할 수 있는 체제 그리고 견제와 균형을 통해 권력 남용을 막을 수 있는 공화국 건설이 중요한 이유가 여기 있다.

그런데 당시 피렌체는 왜 로마 같은 공화국을 만들 수 없었을까? 당시 피렌체는 메디치가의 지배하에 있었고, 메디치가가 지배하기 전에는 귀족 가문들의 과두정 체제였다. 즉 귀족 가문들의 경쟁에

로마와 게르만의 전투

고대 로마는 귀족과 인민의 견제와 균형 속에 법치를 이루고 자유로운 시민들의 참여로 군대
를 구성한 덕에 강력한 제국이 될 수 있었다. 사진은 알템프스궁 로마국립박물관에 소장된 루
도비시 컬렉션 가운데 고대 로마 석관의 돌을새김이다.

서 인민파를 대표하던 메디치가가 귀족파를 제압하고 정권을 잡은 것이다. 그런데 과두제하에서 나타난 국가의 폭넓은 사사화라는 문제가 메디치가의 군주제에서 더 강화된다. 사사화는 공적인 국가 체제를 사적인 관계 속에서 운영하는 것이다. 마키아벨리는 『로마사 논고』 3권 28장에서 사사화의 핵심인 사적인 방법과 그 결과를 요약한다.

> 사적인 방법은 다양한 개인들에게 사사롭게 돈을 빌려주고, 그들의 딸을 결혼시키며, 행정관들로부터 그들을 보호하고, 그 밖에도 사적으로 유사한 호의와 은혜를 베푸는 것이다. 이것들은 사람들을 시혜자의 파당으로 만들고, 그들이 따르는 사람에게 공공을 썩게 하고 법을 어겨도 된다고 생각할 수 있는 용기를 심어준다.

사사화가 국가의 공적 시스템의 근간을 어떻게 무너뜨리는지 밝혔는데, 오늘 우리 현실에 적용해도 될 만한 말이다. 권력관계의 사사화는 국가의 힘을 약화할 수밖에 없다. 국력의 근간을 이루는 시민들의 적극적인 참여를 이끌어낼 수 없기 때문이다. 국가의 공공성은 구성원 모두의 나라를 만드는 데 중요한 요소다. 로마에서 귀족과 인민이 모두 참여하는 견제와 균형의 시스템도 공동체 구성원 모두의 나라를 만들기 위해서 필요했다. 사사화 속에서 권력이 독점될 경우, 거기서 배제된 사람들은 좌절과 분노 속에서 애국심을 잃어버린다. '모두의 나라'가 아닌 '그들만의 국가'에서는 원심력이 작용해 분열과 반목이 판치게 된다. 그래서 마키아벨리는 물질의 풍요보다 인민의 지지가 강한 국가를 만드는 근간이라고 강조한다. 높고 두꺼운 요새나 엄청난 화력의 대포보다 애국심으로 무장한 군대가 더 강하다는 것이다.

국력의 근간으로서 공동체 구성원을 강조하는 것은 로마의 힘을 언급하는 부분에서 잘 볼 수 있다. 예부터 위대한 로마공화국의 힘을 나타내는 말로 '비르투스 로마나Virtus Romana'가 쓰였다. 힘과 덕성을 뜻하는 비르투스는 '남성'을 가리키는 '비르Vir'에서 온 말이다. 고대에는 일정 재산을 가진 남성만 시민으로서 군인이 될 수 있었다. 그들이 외적의 침입에 맞서 전장에서 보여주는 용맹, 힘이 비르투스다. 이들은 또한 책임 있는 시민으로서 공동체의 삶에 합당한 덕성을 함양하고 보여준다. 로마 시민들이 보여준 로마공화국의 집합적인 힘, 그것이 바로 '비르투스 로마나'다.

그런데 마키아벨리는 비르투스 로마나의 핵심을 양과 질의 측면에서 파악한다. 『로마사 논고』 2권 2장에서 자유와 인구 증가와 능력 계발의 관계를 언급한 대목을 한번 보자.

자유가 보장된 모든 도시와 지방 들은 세계의 어느 곳에서나 매우 커다란 번영을 누린다. 이는 무엇보다도 인구가 증가하기 때문이다. 결혼이 사람들에게 더 자유롭고 매력적인 것이 되고 각자 자신의 가산을 빼앗길 것이라는 두려움이 사라져 아이들을 기꺼이 낳아 키우기 때문이다. 또 사람들은 아이들이 노예가 아닌 자유인으로 태어난다는 사실뿐만 아니라 자신의 능력을 통해 뛰어난 인물이 될 수 있다는 사실도 알게 되기 때문이다.

자유가 번영을 가져오는 것은 인구를 증가시키기 때문이다. 인구가 증가하는 것은 결혼이 자유롭고, 아이들을 기꺼이 낳아 키울 환경이 조성되었기 때문이다. 그리고 그 아이들은 차별 없이 자라 능력에 알맞은 대우를 받을 수 있다. 이렇게 되면 다른 나라에서도 오고 싶어 하는 사람들이 많아진다. 결국 자유로운 나라는 내국인의 증가와 외국인의 유입으로 인구가 증가한다. 이렇게 늘어난 인구수는 충실한 자국군으로 이어진다. 더구나 자유로운 체제의 혜택을 누리는 시민들은 그 체제를 지키기 위해 열성적으로 복무한다. 그래서 마키아벨리가 말한 로마의 힘은 바로 자유로운 정치체제에 있다.

다시 말해, 마키아벨리는 노예적 삶이 아닌 자유로운 삶을 강한 국가의 근간으로 보았다. 자유로운 삶이 도덕적으로 우월하기 때문이 아니라, 그것이 공동체 내에서 시민 개개인이 역량을 발휘할 환경을 만들어주기 때문이다. 그는 시민들에게 닥친 노예적 삶을 극복하고 공공성을 회복해 조국에 활력을 되찾아주려고 했다.

로마는 독점과 배제의 체제를 만들지 않았기 때문에 인력 낭비가 없었다. 다양한 인재가 저마다 역량을 자유롭게 발휘하는 체제를 만들었기 때문에 수많은 위기를 극복할 수 있었다. 시민들이 자유로운 체제에 대한 자부심으로 활기찬 국가를 만들 수 있었다.

그러나 마키아벨리가 살던 피렌체와 이탈리아에는 로마의 모범이 사라지고 없었다. 과두제와 메디치가의 지배가 공화정 대신 그들만의 나라를 만들었기 때문이다. 독점과 배제 속에 자유는 사라지고, 인재는 씨가 말랐다. 설사 인재가 있어도 등용되지 못했다. 그 귀결은 무력함이다. 자유를 누리지 못하는 시민은 힘을 키울 수 없고, 이런 사람들로 이루어진 나라는 약할 수밖에 없다. 힘없는 나라의 외교와 국방을 맡았던 마키아벨리의 사고는 어떻게 하면 힘을 기를 수 있을까에 집중되었고, 그가 본 힘의 원천은 바로 시민이었다.

지극히 현실적인 생존의 정치

마키아벨리의 정치적 사고를 만들어낸 토양은 무엇보다 조국 피렌체를 비롯한 토스카나의 도시들이다. 피렌체는 주변 도시들을 지배하려고 했으며 그 도시들은 반기를 들었다. 끊임없는 긴장과 경쟁 속에서 싹튼 이탈리아 통일의 꿈을 살펴보기 위해 볼테라부터 찾아가본다.

피렌체에서 볼테라로 가려면 1번 고속도로를 타야 한다. 이 도로는 밀라노에서 나폴리까지 이어지며 볼로냐, 피렌체, 로마를 지난다. 이탈리아의 남북을 관통하는 것이다. 에어컨도 소용없는 뜨거운 햇빛을 받으며 운전하다 이 도로의 별명인 '태양의 도로'가 쓰인 표지판을 보니 절로 고개가 끄덕여졌다.

볼테라는 1361년 피렌체에 복속한 뒤 독립 투쟁을 자주 일으킨 도시로, 『피렌체사』 7권에 이곳에 관한 서술이 있다. 볼테라는 이름이 왠지 익숙하다면 할리우드 영화 '트와일라잇' 시리즈의 〈뉴문〉(2009) 때문일 것이다. 영화에서 뱀파이어의 우두머리 가문인 '볼투리'가 볼테라에서 유래했다. 실제로 영화를 찍은 장소는 볼테

볼테라의 메디치 성곽

성곽도시로 유명한 볼테라는 언덕 위에 자리 잡았기 때문에 멀리서부터 성곽이 눈에 띤다. 이 웅장한 성곽을 만드는 데 피렌체 사람들의 수고가 들어갔지만, 자치도시의 전통 속에 자유를 무엇보다 소중히 여긴 볼테라 사람은 피렌체의 지배에서 벗어나려는 노력을 멈추지 않았다.

라가 아니라 역시 토스카나에 속한 몬테풀치아노라니, 카메라 앵글에 몬테풀치아노가 더 멋있게 잡힌 모양이다.

볼테라에 닿기 전에 멀리서도 뚜렷이 보일 만큼 웅장한 '메디치 성곽'은 이곳을 지배하고 지키려 한 피렌체인들의 수고가 보이는 건축물이다. 원래 1300년대 말에 피렌체를 지배한 아테네 공작의 명령으로 지어졌는데, 나중에 메디치가가 볼테라를 지배하면서 증축했다고 한다. 메디치가의 볼테라 점령은 『피렌체사』 7권에 잘 나타나 있다. 부근에서 백반석을 발견한 볼테라 사람들이 경험 있는 피렌체 사람들과 손잡고 개발해 이익을 나누고 싶어 했다. 백반은 염색업에 중요한 자원이었기 때문이다. 그런데 이익이 점점 커지자 볼테라 사람들은 그것을 나누기가 아까워서 독차지하려고 했다. 그러던 중에 이해관계의 조율이 어려워지자 소요가 일어났고, 피렌체를 대리해 통치하던 사람들이 죽임을 당했다. 이에 피렌체에서는 대책을 논의하고, 소데리니 같은 사람은 싸움을 피하고 화해 요청을 받아주자고 말한다. 하지만 그의 영향력을 시기하고 메디치가의 로렌초 편에 선 사람들은 강경책을 주장한다. 자신의 힘을 보이고 권력을 키울 기회로 판단한 로렌초도 정벌을 강행한다. 결국 볼테라 사람들이 포위 공격에 버티다 지쳐 화해를 청하고 성문을 열지만, 사소한 사건을 통해 피렌체 군대가 도시를 약탈한다. 이 승리로 기고만장해진 로렌초의 측근들은 소데리니에게 볼테라를 손에 넣었다고 자랑하지만, 소데리니는 자신이 보기에는 볼테라를 잃은 것 같다고 말한다. 말과 평화로 얻었으면 이익과 안전을 확보할 수 있지만 무기와 폭력으로 제압했기 때문에 그들을 관리하는 비용이 늘게 되었으며 항상 문제가 일어날 소지를 안았다는 것이다.

마키아벨리는 피렌체를 비롯한 토스카나 지역 도시들의 자유에 대한 사랑을 잘 알고 있었다. 그리고 그것을 에트루리아인, 즉 로마인보다 앞서 처음으로 이탈리아에 흔적을 남긴 사람들의 특징이라고 보았다. 『로마사 논고』 2권 4장에 서술된 것처럼 피사, 시에나, 볼테라, 루카, 아레초 등 토스카나의 유력한 도시들은 모두 자치도시의 전통 속에서 그들의 자유를 무엇보다도 소중히 여겼다. 토스카나에서 영토를 확장해나가던 피렌체가 자유롭게 살고 싶어 하는 이 도시들과 대립하는 것은 당연했다. 도시국가 피렌체가 영토국가로 변모한 뒤 겪은 여러 대외 관계에 대해 경험이 많은 마키아벨리는 깊은 통찰을 얻었다.

예컨대 피렌체 북서부의 도시국가 피스토이아에 일어난 소요에 피렌체가 제대로 대처하지 못한 문제를 통해 그의 정치적 통찰을 본다. 『군주론』 17장에서 그는 "잔인하다는 평판을 피하려고 피스토이아가 사분오열되도록 방치한 피렌체인들"을 비판한다. 그것은 "너무 자비롭기 때문에 무질서를 방치한 결과 많은 사람이 죽거나 약탈당하게 하는 군주보다 몇 사람을 시범적으로 처벌해서 기강을 바로잡는 군주가 실제로는 훨씬 더 자비로운 셈이기 때문"이다. 여기서 마키아벨리는 공동체와 개인, 즉 공과 사를 구분하는 논법을 쓴다. 앞에 인용한 문구 바로 뒤에 그가 붙인 말이 있다. "전자는 공동체 전체에 해를 끼치는 데 반해 군주가 명령한 처형은 단지 특정한 개인들만 해치는 데 그칩니다." 잔인함이 때로는 인자한 행위라는 것이다. 이는 특히 공적인 영역에서 합당하다. 공동체 일부에 대한 엄격함이 공동체 전체를 더 이롭게 할 수 있다는 뜻이다. 같은 예를 통한 비슷한 주장이 『로마사 논고』 3권 27장에서도 보인다. 그는 이 대목에서 "과단성 있는 행동은 어떤 위대하고 고상한 요소가 있는 것으로서, 허약한 공화국은 그런 조치를 결행할 수 없다"고 말한다. 피렌체는 나약한 공화국으로서 그런 기백을 갖추지 못했다는 것이다.

피렌체에 저항하며 봉기한 대표 도시 중 하나인 아레초에 관해서는 『로마사 논고』 2권 23장과 1503년에 쓴 글 「봉기하는 키아나 계곡의 주민들을 어떻게 다뤄야 하는가Del modo di trattare i sudditi della Val di Chiana ribellati」에서 언급한다. 이 글들에서 마키아벨리는 1502년의 봉기를 다루며, 피렌체가 실수를 저질렀다고 진단한다. 반란자들을 어중간한 방식으로 처벌했다는 것이다. 아레초를 파괴하라는 시민들의 말을 듣지 않은 정치인들이 아레초 시민 중 일부는 추방하고, 일부에게는 벌금형을 내렸다. 마키아벨리는 이런 조치가 반란을 꾀한 도시에 아무런 손상도 끼치지 않았다고 기록한다.

결국 피렌체는 볼테라나 아레초 등 복속한 도시들을 완전히 제압하지 못했는데, 이런 우유부단함이 피렌체의 나약함을 드러내 다른 도시들이 피렌체를 얕잡게 만든다는 보았다. 이 대목에서 마키아벨리는 역시 고대 로마에서 모범을 찾는다.

로마는 어중간한 조치를 피하고 단호한 조치를 내렸다는 것이다. 로마는 타국과 맺는 관계에서 은혜를 베풀든지 아니면 아예 멸망시키는 방식으로 팽창할 수 있었다. 도덕과 법률이 통하지 않는 약육강식 원리가 지배하는 국제 관계에서 어중간한 방식은 나라의 약한

아레초 중앙광장의 벼룩시장

오늘날 이탈리아 최대 규모의 벼룩시장이 열리는 도시로 알려진 아레초는 마키아벨리가 살던 시기에 피렌체와 극심하게 대립했다. 토스카나 지역에서 교황파와 황제파의 대립이 특히 심했는데, 피렌체와 아레초가 각각 교황파와 황제파에 속해 있었다. 마키아벨리는 피렌체가 아레초를 어설프게 제압하고 복속시킨 문제를 지적하면서 힘이 지배하는 국제 관계에 대해 논했다.

면을 드러낼 뿐이다. 피렌체 정치인들은 아레초를 파괴하면 자신들이 지배할 힘이 없어 보일 수 있기에 명예롭지 못하다고 생각하며 스스로 현명하다고 여겼다. 하지만 이를 비판한 마키아벨리는, 힘은 보이는 것이 아니라 실제로 가지고 있는 것이어야 한다고 했다. 관대한 용서나 강력한 처벌은 힘 있는 나라만 할 수 있다. 이러지도 저러지도 못하는 나약한 나라는 우유부단하고 미지근한 정책을 편다. 우리는 강대국 사이에서 살아남아야 했던 약한 나라 피렌체의 외교관, 마키아벨리가 고민한 흔적을 본다. 그 고민의 끝에서 지극히 현실적인 국제 관계관과 정치관이 확립된다.

『군주론』 15장은 당위와 현실은 엄연히 다르다고 힘주어 말한다. 마키아벨리도 도덕이 좋고 옳다는 것은 알고 있었다. 하지만 살아남으려면 도덕과 윤리를 잠시 내려놓을 수 있어야 한다. 세상에 좋은 사람만 있다면 법 없이도 살 수 있겠지만, 법보다 힘으로 살면서 남을 억압하고 지배하려고 하는 자들이 있다. 따라서 그들에게 당하면서 살기 싫다면 맞서야 한다. 몰락하고 싶지 않으면 착하게 살지 않을 필요도 있다는 것이다. 동서고금을 막론하고 모든 나라는 자국의 이익을 가장 중시한다. 지금이야 UN과 갖가지 국제조약이라도 있어서 노골적인 자국의 이익 추구가 욕을 먹지만, 마키아벨리가 살던 시기 피렌체가 처한 국제 관계에서 힘은 살아남는 데 꼭 필요한 조건이었을 것이다.

토스카나의 도시들

르네상스 시대에 번성했던 피렌체, 시에나, 루카를 비롯한 이탈리아 중부의 도시들은 1569년 이후 토스카나대공국을 이루었다가 19세기에 이탈리아왕국에 병합되었다. 이 일대는 수많은 역사 유적과 함께 포도주 산지로 유명하다.

피렌체를 넘어 이탈리아 번영을 꿈꾸다

이제 피렌체와 쌍벽을 이룬 토스카나의 맹주, 시에나로 가볼 때다. 시에나는 피렌체에서 남쪽으로 60킬로미터쯤 떨어져 있으며 다른 토스카나 도시들과 마찬가지로 언덕 위에 자리 잡았다. 유네스코 세계문화유산으로 지정된 시에나 역사 지구에는 중세와 르네상스 시기의 흔적이 가득하다. 도시 중심부의 캄포광장은 원래 고대 로마의 공회당과 시장이 있던 자리로, 13세기 후반에 지금의 모습을 갖추었다고 한다.

마키아벨리가 살던 시대에 피렌체와 시에나, 두 도시는 서로 대립하고 있었다. 앞서 말한 황제파와 교황파의 갈등 속에서 피렌체는 교황파가, 시에나는 황제파가 주도권을 잡았다. 토스카나의 이두 세력이 몬타페르티 전투에서 맞붙었다. 시에나 가까이 흐르는 작은 강 아르비아 옆의 몬타페르티 언덕에서 1260년에 벌어진 전투에서 교황파의 피렌체가 시에나를 중심으로 한 황제파에게 패배한다.『신곡—지옥편』10곡에서 "아르비아 강물을 붉게 물들인 학살과 대접전"으로 묘사된 이 전투는 피렌체 사람들에게 큰 충격을 주었다. 마키아벨리도 당연히『피렌체사』2권 6장에서 이 전투를 언급하지만, 단테와 조금 다르게 간접적이다. 아르비아강에서 벌어진 학살로 패배한 피렌체 사람들이 자신들의 도시를 잃었다고 판단해 루카로 피신했다는 정도만 적은 것이다.

사실 몬타페르티 전투의 주인공은 우베르티Farinata degli Uberti다. 그는 피렌체의 전통 귀족 출신으로 황제파의 수장이 되어, 그들을 도

DOMINVS FARINATA DEVERTIS SVE PATRI LIBERATOR

피렌체를 구한 우베르티

피렌체 황제파의 수장 우베르티(1212~1264)는 교황파에 맞서 싸울 때 외세와 손잡았지만, 그들이 피렌체를 파괴하려고 하자 자신은 조국을 되찾으려고 싸웠지 파괴하려고 싸운 것이 아니라며 온몸으로 저항했다. 결국 그가 피렌체를 구했지만, 훗날 복귀한 교황파는 그를 이단으로 규정하고 시신을 파헤쳤다.

우러 온 나폴리의 만프레드 왕과 시에나 편에 서서 피렌체의 교황파를 무찌른다. 그 뒤 황제파가 회의를 열고 그들의 권력을 지키기 위해 피렌체의 파괴를 논의하는데, 이에 있는 힘을 다해 저항한 이가 우베르티다. 그가 조국의 멸망을 적극적으로 반대하고, 그를 존경한 만프레드 왕의 동의를 얻어 조국 피렌체를 구할 수 있었다는 것이 마키아벨리의 설명이다. 하지만 단테는 『신곡』에서 그를 지옥에 둔다. 자신과 같은 황제파였어도 그가 정신적 쾌락을 추구한 에피쿠로스주의를 신봉했기 때문에 지옥에 둔 것 같다. 마키아벨리와 단테의 차이가 여기에 있다. 마키아벨리는 황제파나 교황파 같은 분파보다 조국을 위해 얼마나 노력했는지를 더 눈여겨보았다. 종교를 중심에 둔 사회와 국가를 중심에 둔 사회의 차이가 13세기 인물인 단테와 16세기 인물인 마키아벨리의 차이로 드러난 것은 아닌지 생각해본다.

시에나의 심장인 푸블리코궁 2층의 시에나 시 박물관에서 '이탈리아 통일 운동의 방'에 들어가보면, 웅장함에 나도 모르게 주눅이 든다. 무엇보다 거기 있는 그림들 때문이다. 그것들은 이탈리아가 19세기에 강력한 통일국가를 이루기 위해 벌인 부흥 운동의 기상을 잘 표현하고 있다. 웅장한 그림들을 둘러보다가 천장에까지 눈길이

시에나 푸블리코궁에 있는 이탈리아 통일 운동의 방
시에나의 푸블리코궁은 '공공'을 뜻하는 '푸블리코Pubblico'라는 이름으로 알 수 있는 것처럼 시청 건물이다. 1층은 시청, 2층과 3층은 시립 박물관으로 쓰고 있으며 이탈리아 통일 운동을 화려한 회화로 보여줘 관람객들의 눈길을 사로잡는다.

이탈리아 통일 운동의 방에서 만난 마키아벨리

피렌체와 오랫동안 경쟁하며 전쟁까지 치른 시에나에서 뜻밖에도 마키아벨리를 기념하고 있다. 메디치가에서나 공화파들에게나 냉대받던 그가 죽은 뒤에나마 이탈리아 통일에 대한 진심을 이해받은 것 같다.

미치면 많이 익숙한 얼굴이 들어온다. 바로 마키아벨리다. 돋을새김한 그의 얼굴 밑에 새겨진 말이 있다. "또한 깃발을 드는 자가 나타나기만 한다면, 이탈리아가 얼마나 기꺼이 그 뒤를 따라 나설 만반의 준비가 되어 있는가를 살펴보십시오. Vedesi ancora tutta pronta e disposta a seguire una bandiera, pur che ci sia uno che la pigli." 『군주론』의 맨 끝, 26장에 나오는 말이다. 마키아벨리의 양옆에도 이탈리아의 통일을 염원한 선조들의 모습과 그들의 주요 글귀가 있다.

사실 피렌체와 시에나는 모두 이탈리아의 통일을 바랐다. 통일은 자유를 뜻했다. 이탈리아의 도시국가들은 르네상스를 거치면서 자신들의 처지를 똑바로 볼 수 있게 되었다. 알프스 이북에서 강국들이 나타났기 때문이다. 중세에 학문은 프랑스, 제국은 독일, 신성한 권위는 이탈리아에 있다고 생각했다. 교황청이 로마에 있었기 때문이다. 하지만 교황권과 황제권, 더 나아가 왕권 간의 대립이 격해지면서 세속화가 일어나고 중세의 보편 권력들이 무너지기 시작했다. 교황의 구실은 이탈리아에서 로마와 그 부근의 땅을 일부 차지한 세속 군주 같은 것으로 축소되었다. 물론 황제도 마찬가지였다. 이런 과정 속에서 이탈리아의 각국은 더 큰 세력에 기대던 관습에서 벗어나 각자도생의 길로 접어든다. 달리 말하면 영토 확장에 나선 것이다. 이렇게 해서 위로부터 밀라노, 베네치아, 피렌체, 로마, 나폴리에 이르는 이탈리아의 5개국 분할 체제가 생겨났다. 이 나라들 중 어떤 곳도 통일을 이룰 만큼 강하지는 못했다.

마키아벨리는 이 중에서 로마를 차지한 교황국을 비난한다. 첫 번째 이유는, 종교의 역할이 중요한데도 교황청이 타락해 이탈리아 사람들의 전면적 타락을 부추겼다는 것이다. 두 번째 이유는, 분열과 반목이 지속되는 데 핵심적 구실을 했다는 것이다. 이탈리아를 통일할 힘이 없던 교황국은 다른 나라의 지배를 받을 만큼 약하지도 않았다. 따라서 끊임없이 외세를 불러들이며 이익을 추구하는 바람에 이탈리아반도를 피폐하게 만들었다. 이탈리아의 뒤늦은 통일도 교황국의 굳건함 탓이었다고 한다. 결국 교황국의 영토가 바티칸으로 축소되었을 때 비로소 이탈리아가 통일할 수 있게 되었다는 말이다. 어쨌든 이탈리아의 5개국은 큰 판을 못 보고 자신들 눈앞의 조그만 영토 확장에 힘을 쏟았다. 그 결과, 1494년에 샤를 8세가 침략하면서 이탈리아는 강대국들의 싸움터가 되었다. 저희들끼리 싸우던 참새들이 그보다 높은 상공에서 그들을 호시탐탐 노리던 매의 먹잇감이 된 것이다.

물론 이런 혼란을 막을 기회는 있었다. 코시모 메디치가 주도해 1454년에 맺은 로디평화조약 덕에 밀라노, 나폴리, 베네치아, 피렌체 간의 지루하고 긴 전쟁이 멈춘 기간을 말한다. 이때부터 샤를 8세가 프랑스군을 이끌고 이탈리아반도에 모습을 나타낼 때까지 40년 가까이 이탈리아에서는 상대적으로 평화로운 시기가 있었다. 그런데 이 시기에 피렌체를 비롯한 이탈리아 사람들은 부국강병에 소홀했다. 메디치가는 피렌체에서 자기 가문의 힘만 키우기 위해, 능력 있는 사람들을 제대로 대우하지 않았다. 자기 사람들만 챙긴 끝에 국정이 사사화되고, 분필 하나에 좌지우지되는 약체 피렌체가 된 것이다. 분필 하나의 의미는 나중에 더 알아보자.

마키아벨리가 『군주론』 『로마사 논고』 『피렌체사』 『전술론』 등에서 소중한 시기를 헛되이 보낸 이탈리아 국가들의 무력함을 적나라하게 비판한 것이 충분히 이해된다. 귀족과 인민이 서로 대립만 일삼다가 자국군을 만들지 못했으니 말이다. 일차적인 책임은 지도자에게 있다. 그들이 국가보다는 자기, 자기 가문, 자기 파벌의 이익만 추구했기 때문이다. 국민들의 지지와 참여 속에 권력을 만들기보다는 개인에게 집중되는 강권을 장악하는 데 몰두했고, 이것이 머리만 크고 몸은 허약한 나라를 만드는 결과로 이어졌다. 결국 머리도 모자랐지만.

토스카나 소도시 기행 — 산지미냐노와 코르토나

· **중세 귀족의 경쟁심을 보여주는 산지미냐노**

산지미냐노는 중세에 만들어진 높은 탑이 즐비한 도시로 유명하다. 중세도시의 탑은 귀족들의 거주지이자 요새였다. 높은 곳이 방어에 유리했기 때문이다. 성탑은 피렌체에서도 흔히 볼 수 있다. 귀족들 간의 갈등과 대립이 심했던 탓에 성탑이 필요했을 것이다. 내전이 끊이지 않는 도심에 살던 귀족들은 높은 요새를 선택할 수밖에 없었다. 높은 성탑은 귀족의 우월감을 드러내기에도 좋았다. 성경에서도 바벨탑은 그것을 쌓는 인간의 오만을 표현했다. 우리나라도 '탑성'을 뜻하는 고층 아파트가 있다. 비싼 값에 극소수만 살수 있고 경비가 삼엄하다. 아마 인간은 높이 오르려는 본성이 있나 보다. 산에 오르는 것이 그렇고, 고층 아파트에 살고 싶어 하는 것이 그렇다. 하지만 등산이 운동을 위해서나 잡념을 떨치기 위해 걷는 사색의 일환이라면, 고층 아파트는 재산 증식 욕구와 비싼 거주지를 통한 과시 욕구를 보여주는 것 같다. 이탈리아 토스카나의 한 마을에서 옛 귀족들이 보여준 마음을 대한민국 심장부의 거주 형태에서도 볼 수 있는 것이 신기하고도 씁쓸하다. 어쨌든 중세 귀족들이 경쟁하듯 지어놓은 탑을 보러 수많은 관광객이 몰려오는 덕에 후손들이 먹고살고 있다.

중세도시답게 산지미냐노 시내에는 차가 들어갈 수 없어서 성벽 근처의 주차장을 이용해야 한다. 차를 댄 뒤 성문으로 이어진 길에 들어서면 아기자기한 중세도시의 모습이 눈에 들어온다. 중앙 광장 한쪽에는 유명 젤라토 가게가 있다. 이탈리아를 대표하는 아이스크림, 젤라토를 여기서 먹어봐도 좋겠다. 산지미냐노의 전경은 팔라초 델 포폴로의 탑에 올라가서 볼 수 있다. 이 건물은 예나 지금이나 '민중의 집'을 뜻하는 이름에 걸맞게 시 청사로 쓰이고 있다. 탑의 정상으로 올라가는 길에 조그만 박물관이 있으니 이곳도 들러 보면 좋을 것이다. 주변 풍광이 아름다운 데다 탑이 줄지어 선 도시의 전경도 경탄을 자아낼 만하다.

높은 지대에 자리한 산지미냐노가 주변의 평원을 지배하는 중심 도시였다는 것은 누구나 쉽게 알아볼 수 있다. 피렌체가 이 도시를 그냥 둘 리 없었을 것이다. 마키아벨리가 살던 시기 전부터 산지미냐노는 피렌체의 지배하에 있었다. 『피렌체사』에서 아테네 공작으로부터 피렌체 시민들이 자유를 쟁취할 때, 그 소란을 틈타 토스카나의 여러 도시가 자유를 얻게 되었다고 서술하는 부분에 산지미냐노의 이야기가 나온다. 산지미냐노가 마키

산지미냐노에서 돋보이는 탑과 고풍스러운 골목 풍경

아벨리의 업무와 관련된 도시였다는 것은 산지미냐노의 성벽 한쪽에 붙은 안내판이 알려준다. '성프란체스코 요새'라 불리는 이 둥근 성채는 16세기에 피렌체인들이 도시를 방어하기 위해 세웠다. 이곳의 안내판이 마키아벨리가 1507년에 여기에서 민병대를 모집했다는 사실을 기리는 것이다.

• 치욕의 역사를 내려다본 코르토나

언덕 위에 자리 잡은 도시 코르토나에서는 드넓은 발디키아나 지역의 그림 같은 풍경을 내려다볼 수 있다. 그중 멀리 있는 푸른 호수는 이탈리아에서 네 번째로 큰 트라시메노호로, 넓이가 128제곱킬로미터나 된다. 이 호수가 이탈리아인들에게는 그리 유쾌하지 않은 역사를 떠올리게 한다. 지중해의 패권을 둘러싸고 로마와 카르타고가 맞선 2차포에니전쟁 시기에 로마군이 이 지역에서 패했기 때문이다.

기원전 217년, 한니발이 이끈 카르타고군이 이 호수의 북쪽 숲에 매복한다. 이를 까마득하게 모르고 있던 로마군은 행군 중에 카르타고군의 기습을 받고 전멸에 가까운 패배를 맛보게 된다. 이 패배 때문에 로마는 현재의 토스카나 지역을 잃고, 위기를 극복하기 위해 파비우스를 독재관으로 임명한다. 로마의 독재관은 이렇게 전쟁이나 내란 같은 비상사태에 기간을 한정해서 집중된 권력을 행사하던 관리다.

코르토나에서 본 트라시메노호수

파비우스가 마키아벨리의 『로마사 논고』에 자주 등장하는데, 특히 3권 9장 중 군주국보다 공화국이 우위에 있다고 설파하는 부분을 주목할 만하다. 군주국은 군주 한 사람의 능력에 의존해야 하는데, 수시로 변하는 국가의 상황에 한 사람의 능력으로 대처하기에는 근본적 한계가 있다는 것이다. 로마의 경우, 한니발에게 잇달아 패해서 위기에 처했을 때 파비우스가 나타나 지연전술을 펴서 한니발의 진격을 막고 몰락을 피할 수 있었다. 그리고 상황이 바뀌어 로마가 카르타고로 쳐들어가 전쟁을 끝내야 했을 때는 파비우스 대신 저돌적인 스키피오가 앞에 나선 덕에 승리할 수 있었다. 따라서 다양한 사람들의 능력을 알맞은 때에 알맞은 곳에 배치할 수 있는 공화국이 한 사람의 능력에 의지하는 군주국보다 훨씬 낫다는 주장이다. 물론 전제는 있다. '잘 굴러가는' 공화국이 군주국보다 낫다는 것이다. 타락한 공화국, 즉 체제는 공화국이라도 내부적으로 부패해 질서가 무너지고 권력자들이 법 위에서 평범한 시민들을 자의적으로 지배하는 나라는 현명한 군주가 다스리는 나라만 못하다.

마키아벨리를 만나기 위해 찾은 코르토나이고 보니, 아름다운 풍경 속에서도 이 도시국가의 정치체제를 생각하게 된다. 옛길을 걷다 마주친 중앙 광장의 이름이 어김없이 '공화국 광장'이고 시 청사가 자리 잡고 있으니 어쩔 수 없는 일일지도 모르겠다.

코르토나 시 청사와 중앙광장

절박함이 빚은 명작

『군주론』바로 알기

매무새를 가다듬고 피렌체를 바라보며

피렌체를 둘러싸고 있던 옛 성벽 터를 따라 난 외곽 도로를 통해 남쪽으로 가면 포르타 로마나가 나온다. 예나 지금이나 로마로 가거나 로마에서 오는 이들이 거쳐야만 하는 문이다. 여기에서 계속 남쪽으로 차를 몰고 가다 보면 산탄드레아 인 페르쿠시나라는 마을이 나타닌다. 오르믹으로 가니 마키아벨리가 살던 집과 1450년부터 있었다는 식당을 안내하는 표지가 보이기 시작한다. 현재 주소는 '스코페티길 64'. 이 집과 바로 앞에 있는 식당이 마키아벨리가 1513년 12월 10일에 친구 베토리에게 보낸 편지에 등장한다. 이 편지에서 마키아벨리가 『군주론』 저술에 대해 처음 밝혔다.

저녁에는 집에 돌아와서 서재에 들어갑니다. 들어가기 전에 나는 종일 입고 있던 진흙과 먼지가 묻은 옷을 벗고 궁정에서 입는 옷을 차려입습니다. 그렇게 적절히 단장한 뒤 선조들의 궁정에 들어가면 그들이 나를 반깁니다. 그리고 거기에서 나만의, 그 때문에 내가 태어난 음식을 먹습니다. 나는 그들과 이야기하는 것을 주저하지 않으며 그들의 행적에 대해서 궁금한 것이 있으면 캐묻습니다. 그들은 친절하게 답변합니다. 네 시간 동안 거의 지루함을 느끼지 않고, 모든 근심과 가난의 두려움을 잊습니다. 죽음도 더는 두렵지 않습니다. 나 자신을 완전히 선조들에게 맡깁니다.

우리가 읽은 것을 기록해놓지 않으면 지식이란 있을 수 없다고 단테가 말했기 때문에, 나는 그들과 대화하며 얻은 성과를 『군주국에 관하여 De Principatibus』라는 소책자에 기록했습니다.

그는 저녁 식사 후 바로 집 앞에 있는 술집에 가서 이탈리아 곳곳을 다니는 상인을 비롯한 사람들을 만나 세상 돌아가는 소식을 들으면서 한바탕 웃고 떠들었다고 한다. 분명히 음식보다는 술을 앞에 두고 이야기꽃을 피웠을 것 같아 식당 대신 술집이라고 했다. 예나 지금이나 술집은 정보가 유통되며 민심을 들을 수 있는 유용한 공간이다. 벽난로 바로 앞에 있는 자리에 마키아벨리가 앉아서 음식과 술을 즐겼다니, 그 자리에서 꼭 식사를 해야 할 것만 같다.

마키아벨리 식당을 왼쪽으로 끼고 조금 들어가면 아래쪽으로 광활한 구릉지와 포도밭이 나타난다. 이곳은 세계에서 와인을 가장 많이 생산하는 키안티 지역이다. 키안티 와인은 여러 종류가 있는데, 그중 '마키아벨리'라는 이름이 붙은 것이 있다. 마키아벨리가와 연관이 있는 와인이다. 마키아벨리가의 대가 딸 쪽으로 이어지고 있는데, 사위 집안 중 세리스토리 Serristori 가의 와이너리가 마키아

마키아벨리 빌라 가는 길

몸과 마음을 다해 일하던 공직에서 쫓겨난 마키아벨리가 피렌체만 바라보며 살던 집을 찾아
가본다. 와인 생산지답게 너무나도 평화롭고 아름답게 펼쳐진 포도밭을 보며 당시에도 이런
풍경이었다면 모진 고문까지 받고 쫓겨가는 그의 마음이 더 아팠겠다는 생각이 들었다.

마키아벨리 빌라 앞 식당
소통하기를 좋아한 마키아벨리가 오리첼라리정원에서 귀족 자제들과 책을 읽고 토론을 했다면, 집 앞 식당에서는 평범한 사람들과 세상 이야기를 나누었다. 지금은 이곳에서 그의 이름이 붙은 와인을 즐기며 그를 기릴 수 있다.

벨리의 명성에 기대어 와인 상표를 만든 것으로 전한다. 마키아벨리가 『군주론』을 집필하던 집 지하에서 지금은 와인이 숙성하고 있다. 지하의 서늘한 기운이 느껴지는 가운데 포도주를 저장하는 나무통 냄새가 코를 감싼다. 통의 크기에 감탄하다 보면 건너편 식당으로 이어지는 긴 통로를 마주하게 된다. 지하의 비밀 통로인 셈이다. 마키아벨리는 지상의 길뿐만 아니라 이 통로로도 식당에 갔을 것이다. 그가 애인 살루타티를 만날 때 주로 이 통로를 이용했을 것이라는 말도 있다. 그녀는 피렌체에서 활동한 가수로, 마키아벨리보다 훨씬 젊고 미모가 뛰어났다. 마키아벨리는 친구들과 주고받은 편지에서 자주 언급한 그녀를 팔코네티의 정원 모임에서 알게 되었다. 이 애인에게 빠진 마키아벨리가 그들을 만나게 해준 포르나차이오 정원 모임을 위해 희곡 「클리치아」를 만들기도 했다. 하지만 피렌체의 향토사가이자 마키아벨리 전기의 대가인 리돌피에 따르면, 두 사람의 관계가 심각하지는 않았던 것 같다. 더구나 마키아벨리가 정숙한 부인이 있는 자기 집 앞 식당으로 애인을 불러서 식구들이 다 아는 지하 통로로 일탈을 저지르러 갈 사람은 아니었다고 본다.

술집에서 사람들과 어울리던 마키아벨리는 다시 집으로 가 서재로 들어간다. 그런데 앞에 인용한 편지를 읽을 때마다 눈에 띄는 구절이 있다. 마키아벨리가 서재로 들어가 성현의 책을 읽으며 그들과 대화를 나눌 때 관복으로 갈아입는다는 것이다. 나랏일에 열중하던 사람들끼리 나누는 대화에 어울리는 환경을 만드는 것이리라. 대개 때와 장소에 따라 읽는 책이 다르다. 화장실과 침실 머리맡에 놓는 책이 다르듯이 말이다. 하지만 때로는 잠옷 차림으로 식탁에서 책을 읽기도 하고 방에서 읽던 책을 화장실에 가져가기도 한다. 일상에서 늘 진지할 필요는 없기 때문일 것이다. 그런데 마키아벨리는 서재에 들어가 당대의 문제를 생각하고 글을 쓸 때, 일상복을 벗고 반드시 관복을 입었다. 그만큼 간절하고 긴박했다는 뜻이 아닐까? 이런 절박함의 결과가 바로, 자신의 경험과 성현들의 지혜를 결합시킨 『군주론』이다.

마키아벨리가 공직에서 보낸 14년은 정확히 메디치가 피렌체를 떠난 뒤 공화정이 들어섰던 시기다. 조력자 없이 종신 통령 자리에 오른 소데리니가 마키아벨리를 믿고 많은 일을 맡겼는데, 피렌체에 복귀한 메디치가는 공화정의 핵심 인물들을 제거하려고 했다. 일벌레라고 할 정도로 국가를 위해 성실히 복무하고 자신의 일을 진심으로 사랑하던 마키아벨리는 공직에서 해임되고 베키오궁 출입마저 금지당했다. 그리고 얼마 있다 반메디치가 음모 혐의로 체포되었다. 그가 소데리니의 총애를 받았기 때문에 메디치가의 숙청 대상이 된 것이다. 지금은 미술관이지만 당시 경찰청 구실을 하던 바르젤로궁에서 마키아벨리가 심문과 고문을 받았다. 천장에 거꾸로 매달았다가 떨어뜨리는 고문을 여섯 차례나 받았다는 설이 있다. 다행히 혹독한 시련 속에서 일말의 행운이 찾아와 메디치가 로렌초의 둘째 아들인 조반니 추기경이 1513년에 교황으로 뽑혀 레오 10세가 되었다. 새 교황의 취임으로 대사면령이 내려진 덕에 풀려난 마키아벨리는 자신의 조그만 집이 있는 피렌체 근교, 산탄드레아 인 페르쿠시나로 떠났다.

마키아벨리 빌라
시류에서 벗어나 한적하고 소박한 이 집이 어쩌면 『군주론』 같은 책을 쓰기에 좋은 환경이 되었을 것 같다. 우리나라 역사만 돌아봐도 김정희의 추사체와 〈세한도〉, 정약용의 『목민심서』를 비롯한 수많은 명저가 유배지에서 나왔다.

바르젤로미술관 내부

르네상스 시기의 걸작이 늘어선 이곳에서 과거에 마키아벨리가 반메디치 모의 혐의로 고문받은 사실을 떠올리기는 쉽지 않다. 원래 경찰서이자 감옥이었다는 것은 경찰서장을 뜻하는 이름 '바르젤로'로 짐작할 수 있다.

마키아벨리는 공직에서 계속 일하기를 바랐지만 그럴 수 없었다. 자신들을 쫓아낸 공화제의 일꾼에게 메디치가가 공직을 다시 주었겠는가? 이렇게 자신의 의지와는 무관하게 강제된 여유 속에서 그는 저술 작업에 전념했다. 그는 자신이 지은 책들을 구성하는 핵심이 경험과 사색이라고 했다. 경험은 현실에서 외교와 국방 업무를 맡으면서 겪은 일이고, 사색은 위대한 고전에서 얻은 지혜를 현재 자신의 경험을 통해 돌아보는 것이다. 산탄드레아 인 페르쿠시나는 날이 좋을 때 멀리 피렌체 시내의 두오모가 보일 만큼 지대가 높다. 마키아벨리는 두오모를 보며 피렌체를 끊임없이 생각했을 것이다. 조국을 위해 헌신하고도 모함 탓에 고문까지 받고 쫓겨났지만, 정권의 변동이 잦은 시대인 만큼 곧 정세가 변해 자신이 다시 공무를 맡을 수 있을 것이라고 기대했을지도 모른다.

> 이곳엔 나의 공직 생활을 기억하는 사람도, 내가 어떤 일에든 쓰임이 있으리라 믿는 사람도 없습니다. 나는 이런 것들을 그리 오래 견딜 수는 없을 것입니다. 왜냐하면 나는 녹슬어가고, 만약 하나님이 더욱 따뜻한 얼굴로 대해주시지 않는다면, 언젠가 집을 떠나 가정교사나 고관의 비서가 될 수밖에 없을 것이기 때문입니다. 아니면 어느 외딴곳에 처박혀 아이들에게 책 읽기라도 가르치고, 이곳에 버려둔 가족들은 내가 죽었으려니 하겠지요.
>
> — 곽준혁, 『마키아벨리 다시 읽기』, 127쪽에서 재인용

흔히 마키아벨리와 고난이라는 단어는 잘 어울리지 않는 것으로

마키아벨리 빌라에서 보이는 피렌체대성당
멀리 있는 피렌체대성당의 쿠폴라를 바라보면서 마키아벨리는 베키오궁에서 서기관으로 일
할 때를 그렸겠지만, 그에게 그런 기회가 다시 오지는 않았다.

생각한다. 하지만 마키아벨리가 삶의 고단함을 느끼지 않은 적은 드문 것 같다. 어릴 때는 몰락한 귀족 가문의 일원으로 여유롭지 못한 환경에서 자랐다. 피렌체의 공무원으로 활동할 때나 나중에 야인으로 살 때나 그가 친구들과 나눈 편지에서 가난한 살림에 대한 한탄이 빠지지 않았다. 경제적 고난뿐만 아니라 정치적 고난도 그의 삶을 관통했다.

사실 마키아벨리의 삶, 나아가 피렌체인들의 삶은 이탈리아의 정치와 밀접한 연관이 있었다. 1494년 프랑스 샤를 8세의 침입이 열어놓은 프랑스, 독일, 에스파냐의 이탈리아 정치 개입이 피렌체를 수시로 풍전등화의 위기에 몰아넣었다. 힘 있는 사람들이 초래한 위기지만, 고난은 힘없는 사람들의 몫이었다. 마키아벨리도 수많은 피렌체 사람들처럼 국가의 위기를 항상 온몸으로 겪어낼 수밖에 없었다.

군주에게 선택받지 못한 직언

마키아벨리 빌라는 전체적으로 소박한 모습이다. 1층의 왼쪽이 주방과 식당이고, 오른쪽에는 거실과 공부방이 있다. 그가 『피렌체사』에서 자주 언급한 피렌체 시민의 삶다운 절제와 검소함이 느껴졌다. 정원에는 우물이 있는데, 당시 어느 정도 사는 사람들은 독살을 피하기 위해 집 안에 우물을 두었다고 한다. 피렌체 역사를 피로 물들인 파벌 대립 탓이었을 것이다. 『피렌체사』3권 1장에서 마키아벨리는, 대립과 갈등을 로마가 말로 해결한 것과 달리 피렌체는 칼로 해결했다고 강조한다. 음모와 내전이 끊이지 않은 피렌체 정치가 물 한 모금도 마음 놓고 마실 수 없는 상황을 만들어낸 것을 생각하니 씁쓸하다.

복권하여 국가를 위해 일할 기회를 엿보고 있던 마키아벨리는 절대 비굴하지 않았다. 흔히 권모술수의 대가로 평가받는 그라면 수단과 방법을 가리지 않고 다시 공무를 맡기 위해 최선을 다했을 것 같은데 말이다. 『군주론』의 헌정사를 읽어보면 그에 대해 잘못 알고 있었다는 것을 깨닫게 된다. 헌정사는 보통 높은 사람에게 바치는 글이다. 따라서 그 사람의 비위를 맞추기 마련이다. 그런데 마키아벨리는 듣기 좋은 감언이설 대신 듣기 싫은 직언을 택한다. 그것도 두 번씩이나.

첫 번째 부분에서 마키아벨리는 자신이 『군주론』을 바치는 이유에 대해 설명한다.

군주의 총애를 구하는 이들은 그들이 가진 것들 중에서 가장 귀중한 것이나 군주가 가장 기뻐할 것을 가지고 군주에게 접근하려고 합니다. 따라서 군주는 말, 무기, 금박의 천, 보석과 군주의 위엄에 적합한 장신구들을 종종 선물로 받습니다. 저 또한 전하에 대한 복종의 표시로 무언가를 드리고 싶었지만, 제가 가진 것 중에서 최근 일어난 사건들에 대한 지속적인 경험과 고대사에 대한 꾸준한 공부를 통해서 배운 위대한 인물들의 행위에 대한 지식만큼 소중하고 가치 있는 것은 없다는 점을 깨닫게 되었습니다. 이제 저는 그런 것들을 오랫동안 성심껏 성찰한 결과를 한 권의 작은 책자로 만들어 전하께 바치려고 합니다.

예나 지금이나 재물은 누구에게나 중요하고, 군주도 개인적 욕심 때문이건 통치 자금의 필요 때문이건 간에 재물을 좋아했다. 마키아벨리는 사람들이 모두 군주에게 금은보화를 바친다는 것을 인정한다. 그러면서 정작 자신에게 가장 소중한 것은 금은보화 같은 재물보다 자신의 경험과 역사상 위대한 인물들의 행적에 대한 공부를 결합시킨 책, 『군주론』이라고 말한다. 마키아벨리가 경제적으로 여유가 없었다는 것은 주지의 사실이다. 그래도 좀 융통성이 있는 사람이라면 아마 빚을 지더라도 재물을 군주에게 바치며 자기 바람을 전했을 것이다. 그러나 그는 그러는 대신 책을 바쳤다.

『군주론』은 지식을 담은 책이 아니다. 지식에 관한 책이라면 역사적 사실을 단순히 설명하는 데 그쳤겠지만, 이 책은 지식보다 지혜를 담아 군주에게 전하기 위해 쓰였다. 그 지혜는 정치 또는 통치의 방법이다. 힘들게 책을 쓰기보다는 재물을 바치는 편이 훨씬 쉬운 길이라는 것을 마키아벨리도 알고 있었다. 하지만 그는 그렇게 하지 않았다. 왜 그랬을까? 그가 자신의 출세보다는 국가 공동체를 먼저 생각했기 때문이 아닐까? 나는 이것이 그의 진심이라고 생각한다.

그는 자신의 "영혼보다 조국을 더 사랑한다"고 『군주론』의 곳곳에서 밝힌다. 뇌물로 지도자의 환심을 사서 한 자리를 얻거나 호가호위할 수는 있을 것이다. 하지만 그것이 지도자를 타락시키고 공

메디치가에 헌정된 정치철학의 고전『군주론』

『군주국에 관하여』라는 이름으로 처음 알려진 이 책은 마키아벨리 사후에 정식 출간되기 훨씬 전부터 필사본으로 읽히며 논란을 불러왔다. 반종교개혁 열풍 속에서 1559년에 교황청의 금서 목록에 오르기도 했다.

동체까지 몰락시킨다면 어느 쪽을 선택하겠는가? 말로야 당연히 공동체의 안녕을 택한다고 하겠지만, 동서고금을 통해 많은 이들이 공동체보다 자신을 선택했다. 공동체를 선택하는 순간 자신의 부귀영화는 고사하고 안녕까지 포기해야 할 수도 있기 때문이다. 군주에게 바른말을 하고 부와 명예를 누린 사람은 역사에서 찾아보기 힘들다. 어차피 뇌물을 좋아하는 지도자는 바른말과 쓴소리를 듣지 않는다. 듣지 않는 정도가 아니라, 싫어하는 경우가 대부분이다. 공동체가 건강하게 유지돼야 개인의 안녕도 보장되지만 대부분의 평범한 사람들은 공동체보다 개인을 먼저 생각하기 마련이고, 결국 이기적인 선택은 공동체의 몰락을 재촉해 자기 자신의 안위도 위태롭게 만들어버린다.

마키아벨리의 두 번째 직언은 헌정사의 후반부에 군주가 "인민이 될 필요"가 있다는 표현으로 등장한다.

저는 신분이 낮고 비천한 지위에 있는 자가 감히 군주의 통치를 논하고 그것에 관한 지침을 제시하는 것이 무례한 소행으로 여겨지지 않기를 바랍니다. 왜냐하면 국가의 지도를 그리는 자들은 산이나 다른 높은 곳의 모습을 파악하기 위해서는 아래로 내려가고 낮은 곳의 모습을 파악하기 위해서는 산 위로 올라가기 때문입니다. 이와 마찬가지로 인민의 성격을 잘 이해하기 위해서는 군주가 될 필요가 있고, 군주의 성격을 잘 이해하기 위해서는 평범한 인민이 될 필요가 있습니다.

정치 또는 통치의 중요한 기술은 갈등을 줄이거나 없애는 것이다. 그리고 이를 위해서는 역지사지, 즉 처지를 바꿔 생각해보는 것이 꼭 필요하다. 마키아벨리는 지도 제작자가 높은 곳을 보기 위해 아래로 내려가고 낮은 곳을 보기 위해 위로 올라간다면서, 군주는 인민이 되어봐야 군주 자신에 대해 더 잘 알게 될 것이라고 했다. 군주 구실을 제대로 하려면 가장 낮은 자리에 있는 인민부터 생각하라는 쓴소리다. 그가 왜 이렇게 인민을 강조했을까? 군주국이든 공화국이든 국가의 기반은 평범하게 살면서 억압보다는 자유를 바라고 국가가 위기에 처하면 목숨을 바쳐 싸우는 인민이기 때문이다. 경제활동의 주체이자 군대의 주축이 바로 인민이다.

하지만 군주가 인민이 되는 것은 예나 지금이나 어려운 일이다. 다른 사람의 처지에서 생각하고 배려하기보다는 선을 긋기에 바쁘다. 현대 민주주의 사회에서도 아파트 평수, 예금액, 출신 대학 등등으로 구별과 차별이 끊이지 않을 만큼 신분제를 통한 인간의 차별화 전략은 뿌리가 깊다. 하물며 중세를 막 넘어서기 시작한 르네상스 시기, 그것도 권력의 정점에 있는 사람에게 인민이 되어야 한다는 말은 정말 입 밖에 내기 어려웠을 것이다. 그럼에도 마키아벨리는 책의 첫머리인 헌정사에서 그런 말을 했다.

마키아벨리가 이런 헌정사를 쓴 데서 군주가 이 책을 안 읽을 수도 있다는 것에 대한 각오가 보인다. 군주에게 책을 정말 읽히고 싶었다면, 초반부에 감언이설을 쓰고 책의 끝부분에 하고 싶은 말을 하는 편이 나았을 테니 말이다. 다시 말해, 그는 헌정사에서 말한 것을 이해하고 그다음 장을 넘길 사람이 아니면 책의 나머지 부분을 이해할 수 없을 것이라고 생각했다. 적어도 군주라면 자신보다는 나라의 안위를 밤낮으로 생각해야 한다. 따라서 금은보화 같은 뇌물보다는 당대 나라 안팎의 정세에 역사적인 위인들의 행적을 접목한 『군주론』 같은 정치 지혜서를 더 반겨야 한다. 즉 마키아벨리는 나라와 인민을 항상 생각하는 지도자만이 『군주론』을 제대로 이해할 수 있으며 이 책을 쓴 자신도 이해할 수 있다고 생각했을 것이다. 왜냐하면 바로 자신이 그런 사람이었기 때문이다.

분필 하나로 운명이 좌우되는 위기

공직에 있으면서 나라가 처한 상황을 누구보다 잘 알던 마키아벨리는 자연스럽게 나라와 인민에 대해 깊이, 많이 생각하게 되었다. 그 자신부터 정권의 변동에 따라 운명이 달라졌으니 생각이 많을 수밖에 없었을 것이다. 그가 가장 걱정한 부분, 권력을 쥔 귀족이 인민을 믿지 못해 용병을 쓰면서 너무나도 나약해진 나라의 상황에 대해 『군주론』 12장에서 말한다.

사실 이탈리아가 최근 겪은 시련은 다른 어떤 이유보다도 그토록 오랜 세월 동안 용병에 의존한 데서 비롯했기 때문에, 이 점을 주장하기 위해서 많이 노력할 필요조차 없습니다. 물론 용병 중 일부는 무기력하지 않았으며 다른 용병과 싸울 때 용맹을 떨치기도 했습니다. 그러나 외국군이 침입하자 단숨에 그들의 진면모가 드러났

지우제페 베추올리, 〈피렌체로 입성하는 샤를 8세〉(1829)

프랑스 왕 샤를 8세가 1494년 알프스산맥을 넘어 이탈리아를 침공했다. 피렌체를 비롯한 이
탈리아 도시들은 프랑스 군대의 최신식 대포 앞에 속수무책으로 무너졌다. 이런 역사적 경험
으로부터 마키아벨리는 자국군과 강한 군사력의 필요성을 절감했을 것이다.

습니다. 그래서 프랑스의 샤를 왕은 이탈리아를 분필 하나로 점령할 수 있었습니다.

여기서 '분필 하나'라는 말은 피렌체 사람들에게 참 가슴 아픈 기억을 떠올리게 한다. 침략군인 프랑스 군대가 지나갈 때 벌어진 일이다. 그들이 머물 막사를 피렌체 시 외곽에 설치하지 않고 시내로 들어가서는 자신들이 원하는 집의 대문에 분필로 표시를 했다. 그러면 그 집 사람들은 아무 소리도 못 하고 집을 프랑스 군인에게 내주어야 했다. 당시 이탈리아는 프랑스군의 침입에 싸울 엄두도 내지 못하고 속수무책으로 무너지고 있었다. 자기 나라를 지킬 군대가 없이 돈에 의존해 용병에게 국방을 맡겼다가 결국 침략군의 분필 하나에 소중한 보금자리를 내주는 지경에까지 이른 것이다.

귀족과 인민의 불화가 서로에 대한 불신을 낳고, 이것이 자국군의 구성을 어렵게 했다. 국가 구성원 중 다수를 차지하는 인민 중에서 군인을 뽑고 그들에게 무기를 줘야 했지만, 귀족들은 그 무기가 자신들에게 쓰일까 봐 두려워했다. 결국 피렌체에서 자국군을 뽑는 임무를 맡은 마키아벨리가 피렌체 시내보다는 주변 농촌에서 군인들을 구해야 했다.

결국 정치는 국가 공동체 구성원들 간의 관계를 설정하는 문제이며 권력의 문제다. 자원을 더 가진 귀족은 자신들의 이익에 충실하기 마련이기 때문에 인민의 견제 속에서 그들의 이익을 양보해야 좀 더 공적인 국가를 만들 수 있다. 그리고 국가는 사람들의 자의적인 개입이 아니라 법률이라는 공적 규율로 운영되어야 한다. 이렇게 해나가는 과정이 인민의 압력하에 귀족과 인민이 같이 참여하는 국가의 건설이다. 귀족과 인민은 저마다 능력에 맞는 일을 하며 견제와 균형 속에 공공의 이익을 추구하는 나라를 운영해야 한다. 이때 중요한 것이 군대, 법률 체계와 공적인 관료 기구다. 이것이 귀족과 인민의 계층 갈등 속에서 제대로 된 국가를 구성하기 위한 마키아벨리의 제안이다.

그런데 이탈리아의 국가들은 인민과 귀족의 갈등 속에서 귀족만의 지배 체계를 세워갔고, 그 귀결은 인민의 배제와 지배층 또는 지배 가문의 배타적인 사익 추구였다. 법률은 지배층의 이익 실현과 인민 억압의 도구로 전락했다. 그리고 군대는 당연히 용병으로 구성되었다. 관료는 애국심과 능력 있는 시민이 아니라, 지배 가문의 파벌이나 감언이설로 지배층의 비위를 맞추는 간신배 중에서 뽑았다. 인민은 배제되고, 억압되고, 착취당했으며 귀족은 배타적으로 지배했다. 국가는 없어지고 지배층과 그들의 제멋대로식 권력 남용을 보좌하는 도적 떼만 남은 것이다. "정의가 없다면 국가는 도적 떼와 다를 바 없다"는 아우구스티누스의 일갈이 당시 이탈리아에 들어맞는다. 그리고 이를 극복하기 위한 마키아벨리의 노력은 그가 죽고 나서 몇 백 년이 흐른 뒤에야 인정받는다.

보르자에게서 본 운명과 역량의 관계

메디치가는 마키아벨리의 충정과 충고를 받아들이지 않았다. 마키아벨리는 계속 공화주의자로 여겨진 듯하다. 공화국의 흔적을 메디치가가 어떻게 처리했는지를 보면 마키아벨리를 어떻게 대우했을지도 짐작할 수 있다. 앞에서 본 것처럼 코시모 1세가 피렌체를 확고한 군주국으로 만들었고, 군주국이 된 피렌체에서 공화국의 흔적은 없어진다. 이는 정부 종합 청사라고 할 만한 베키오궁 내부가 어떻게 변했는지를 보면 알 수 있는데, 무엇보다 마키아벨리가 일하던 공간의 변화가 극적이다.

현재 베키오궁 3층에 자리한 백합홀 한쪽에 마키아벨리가 일하던 방이 남아 있다. 하지만 그가 일하는 모습을 생생하게 재현한 공간은 아니고, 나무로 만든 그의 흉상이 있을 뿐이다. 기대하고 이 공간을 찾는다면 휑한 느낌에 실망할 것이다. 사실 이 방은, 메디치 군주정이 들어서고 나서 옷 방으로 쓰였다고 한다. 마키아벨리가 공화정의 외교와 국방 업무를 보던 공간에 문서는커녕 군주정의 시종들이 입던 옷을 넣어두었다는 것이다.

그러나 마키아벨리는 유배 시기에 신세를 한탄하며 허송세월하지 않고 나라에 의미 있는 일을 하려고 했다. 언젠가 올 기회를 기다리면서 인고의 시간을 보낸 것을 『군주론』 6장에서 볼 수 있다. 뛰어난 능력으로 지도자가 된 인물들의 행적을 서술하면서 역량과 기회 또는 운명의 관계에 대해 언급한 대목이다. 역량과 기회는 둘 중 하나만 없어도 무용지물이다. 아무리 특출한 역량을 갈고닦아놓아도 기회가 오지 않으면 그 역량은 쓸데가 없다. 이와 마찬가지로 좋은 기회가 와도 역량을 키워놓지 않았다면 아무 소용이 없다. 때를 기다리며 낚시를 하던 중국 주周의 공신 강태공처럼 그리고 거리에

베키오궁의 마키아벨리 집무실과 흉상

베키오궁 3층의 백합홀은 피렌체를 상징하는 꽃, 백합에서 이름을 따왔다. 이곳 한쪽에 전시된 마키아벨리의 집무실은 같은 건물 2층에 있는 교황 레오 10세의 화려한 응접실과 비교해볼 만하다. 메디치가 출신으로 교황이 되면서 마키아벨리에게 사면이라는 행운을 선물한 그는 면벌부까지 판매하면서 호화로운 생활을 유지했다. 물론 면벌부 판매는 종교개혁의 계기가 되었다.

보르자(왼쪽)와 마키아벨리의 만남

교황 알렉산데르 6세의 아들 보르자는 『군주론』의 모델로 알려져 있다. 피렌체공화국의 외교
관으로서 정세 파악을 위해 보르자를 만난 마키아벨리가 강조한 그의 역량은 요즘 말로 '금수
저'라고 할 수 있는, 운명이 준 지위에 만족하지 않고 자신만의 권력 기반을 확충한 점이다.

서 무뢰한들의 가랑이 사이를 기었다는 전한의 무장 한신처럼 기회가 오지 않았을 때 낙담하지 않고 기다리는 여유가 필요한 것이다. 이 여유는 게으름과 다르다. 끊임없이 자신의 역량을 계발하며 언제 올지 모르는 기회에 대처하는 것이기 때문이다. 마키아벨리는 강제된 여유 속에서 역사에 현실을 비춰 글을 쓰는 노력을 통해 자신의 능력을 계발하며 준비하고 있었다. 국가 경영에 대한 그의 혜안이 지금 인정받는 것의 반만이라도 당대에 인정받았다면 좋았겠지만, 우리가 아는 것처럼 그가 쌓은 역량에 비해 운명은 그의 편이 아니었다.

『군주론』중 보르자에 대한 서술에 마키아벨리가 운명과 역량의 관계에서 얻은 통찰이 드러나 있다. 보르자는 흔히 『군주론』의 모델로 불린다. 사보나롤라가 등장하는 6장 「자신의 무력과 역량으로 얻은 신생 군주국」과 보르자가 등장하는 7장 「타인의 무력과 호의로 얻은 신생 군주국」의 제목을 보면 전자가 더 중요한 것 같다. 『군주론』은 첫 장에서부터 행운보다는 역량의 중요성을 강조했기 때문에 이런 추측이 합리적이다. 그런데 7장에 등장하는 보르자의 주요 행적을 살펴보면, 그는 행운의 도움을 받은 데다 스스로 능력을 발휘하기도 했다. 오히려 자기 힘으로 행운의 도움을 유지하고 확대했다고 보는 편이 더 타당할 정도다. 그의 운명과 역량에 대한 마키아벨리의 설명을 보자.

보르자는 교황 알렉산데르 6세의 아들이다. 르네상스 시기 교황청을 둘러싼 고위 공직자들의 타락은 이미 잘 알려진 사실인데, 자식이 있는 추기경들이 아들을 아들이라 부르지는 못했기 때문에 조카라고 하는 경우가 있었다. 정실주의나 족벌주의 등으로 옮길 수 있는 영어 '네포티즘nepotism'이 조카를 뜻하는 라틴어 '네포스nepos'에서 온 것은 바로 교황들이 자기 아들에게 주요 관직을 주고 권력을 맘대로 휘두른 탓이다. 교황의 든든한 후원을 받은 보르자는 20대 초반에 교황군 사령관 자리에 오른 뒤 교황국의 확장 정책을 본격적으로 추진했다. 그런데 영적 포교는 믿음과 성경의 메시지가 담긴 말을 통해 하는 것이지 무기를 가진 군대를 통해 하는 것이 아니기 때문에, 교황청은 군대를 가질 수 없다는 문제가 있었다. 영토 확장을 위해 군대가 필요했던 보르자는 프랑스에서 보낸 지원군에 의존했다. 하지만 프랑스군은 근본적 한계가 있었다. 열심히 싸우지 않은 데다 실질적 명령권자가 프랑스 왕이기 때문에 보르자의 명령에 제대로 따르지 않은 것이다. 여러 불화 속에서 보르자는 다른 군대를 써보기로 했다. 용병이다. 로마 지역의 전통적 군벌 집안인 콜론나가와 오르시니가 사람들을 용병으로 구할 수 있었다.

하지만 용병도 문제가 있었다. 싸움을 일로 하는 사람들은 전투에서 목숨 걸고 싸우는 법이 없다는 것을 앞에서 말했다. 여기에 야망과 막강한 힘까지 있는 용병대장은 고용한 편에서 수하처럼 부리기가 힘들었다. 그래서 보르자는 회유책과 분열책과 강공책을 다 쓰기 시작했다. 콜론나가를 회유하고 분열시킨 뒤에 오르시니가에는 강공책을 쓰기로 했다. 실행 장소는 세니갈리아라는 소도시였다. 세니갈리아의 모임에 마음 놓고 참석한 오르시니가 사람들이 보르자의 음모에 살해당하고 말았다. 이 사건 뒤로 보르자는 우두머리를 잃고 우왕좌왕하는 병사들을 자기 지휘 아래로 흡수해 군대

용병대장 프레스코화

피렌체대성당 벽면에 용병대장을 기념하는 그림이 눈에 띈다. 전투에서 승리한 용병대장은 영웅 대접을 받았는데, 고용국으로서는 이런 사람을 다루기가 쉽지 않았다.

를 만들었다. 짐작하겠지만, 마키아벨리는 바로 이 대목에서 보르자를 높이 평가한다. 자기 힘이 약할 때일수록 자기 힘을 기반으로 군대를 만드는 것은 무엇과도 바꿀 수 없을 만큼 중요하다. 이를 위해 속임수와 폭력을 쓰는 한이 있어도 말이다. 자기 군대가 없이 열악한 상황에서 벗어나기 위해 피할 수 없는 속임수와 폭력이라면 인정하는 것이다.

보르자는 이렇게 자기 군대를 키우면서 영토를 확장해나갔다. 이탈리아 동북부인 로마냐 지역은 예부터 귀족들의 힘이 강해서 인민의 형편이 아주 안 좋았는데, 보르자가 이 지역을 정복하기 위해 강력한 수단을 쓰기로 마음먹었다. 그리고 수하 중에 특히 과격한 데 오르코Remirro de Orco를 이 지역에 파견한다. 데 오르코는 자기 기질대로 행동하며 얼마 안 가 로마냐 지역을 평정한다. 문제는 그 뒤에 생긴다. 귀족들의 권력 남용을 막아주면 고마워할 줄 알았던 인민들이 오히려 데 오르코를 두려워하고 미워하게 된다. 이에 보르자는 단호한 해결책을 썼다. 데 오르코의 목을 베어 광장에 걸어놓은 것이다. 이를 본 인민들은 두려움을 느끼면서도 그들의 원성을 들어준 보르자에게 전폭적인 지지를 보냈다.

보르자의 행동은 토사구팽이다. 토호의 힘을 온건한 방법으로는 제어할 수 없다는 것을 알았기 때문에 그는 자기 심복 중 무지막지한 데 오르코를 보냈다. 미움받을 일은 자기가 하지 않고 타인에게 맡긴 것이다. 그리고 원성이 터져 나오자 과감히 심복을 처형하기까지 했다. 이 모든 것이 보르자의 선견지명이나 간지奸智였을 수 있다. 그런데 여기서 마키아벨리가 강조하는 것은 보르자가 이런 일로 인민의 지지를 얻었다는 점이다.

보르자가 행운의 사나이였다는 것은 부정할 수 없다. 요즘 말로 '금수저' 집안 출신이라 젊은 나이에 최고위직에 오를 수 있었기 때문이다. 하지만 그 뒤로 그는 운을 즐기는 데만 만족했다고 할 수 없다. 비록 권모술수와 폭력적 행위를 썼지만 자기 힘으로 군대를 키우고 인민의 지지를 얻었다. 마키아벨리가 강조한 보르자의 역량은 운명이 준 지위에 만족하지 않고, 자신만의 권력 기반을 확충한 데 있다. 그 권력 기반은 물론 자기 군대와 인민의 지지다.

쉽게 얻은 것은 쉽게 잃기 마련이다. 노력해서 얻지 않았으니 그것이 얼마나 소중한지를 모르기 때문이다. 세습으로 얻은 권력이나 재물이 얼마나 쉽게 사라지는지를 우리는 동서고금의 수많은 예를 통해 잘 알고 있다. 대개 사람들은 운명이 가져다준 과실을 즐길 줄만 알지 그것을 확대 재생산하는 법은 모른다. 이런 점에서 보르자는 특출한 능력이 있었다. 군주의 권력을 유지시켜주는 것은 군주 자신이 아니라 인민이고, 그들로 구성된 군대다. 권력과 권력 기반이 분리되어 있다는 것을 아는 통찰이야말로 군주의 진정한 역량이다.

마키아벨리에 따르면, 보르자는 자기 손에 굴러 들어온 권력을 지키는 방법을 알았다. 자기 군대를 만들고 인민의 지지를 받아 권력의 기반을 다졌다. 그래서 자신에게 권력을 준 교황 알렉산데르 6세가 죽고 자기 자신마저 병상에 눕는 사태가 벌어져도 그가 지배하는 영토는 안정을 유지할 수 있었다. 권력 또는 개인의 능력은 질병이나 위기 앞에서 무용지물이 된다. 권력은 그만큼 약하다. 생로

병사를 겪는 인간의 몸과 운명을 같이하기 때문이다. 하지만 그 권력을 유지시켜주는 기반은 권력자 한 사람의 생로병사와 무관하다. 인민으로 구성된 군대와 인민의 지지는 무엇보다 더 영속적이고 더 강력하다.

운명보다는 자기 자신을 믿으라

운명은 행운을 가져오기도 하고 불운을 가져오기도 한다. 그리스 신화 이래 운명은 인간과 함께 있었다. 사람들은 예측하거나 설명할 수 없는 것을 운명이라고 불렀다. 누구는 귀족 가문에 태어나고, 누구는 노예로 태어나는 것을 어떻게 설명할까? 귀족 가문에 태어났다가 몰락을 경험하는 것은 또 어떻게 설명할까? 개인의 노력이 국가나 세계의 풍파 속에 무용지물이 될 때 그 노릇을 어찌할 것인가?

하지만 행운과 불운이 한결같이 이어지지는 않는다. 행운과 불운은 번갈아 오기 마련이다. 왜냐하면 행운은 오만과 방종을 불러일으켜 불운이 들어오는 문을 열기 때문이다. 반면에, 불운을 겪으면 대개 어려움 속에서 정신을 차리게 된다. 불운이 물러나고 행운이 들어설 여지를 만드는 것이다. 시에나대성당의 유명한 볼거리 가운데 하나가 대리석 바닥의 돋을새김인데, 나도 모르게 혀를 내두를 만한 화려함 속에서 눈에 띈 것이 〈운명의 수레바퀴Ruota della Fortuna〉다. 이 그림은 인간사에서 행운과 불운이 번갈아 오는 모습을 나타낸다. 중세에서 르네상스로, 농촌 경제에서 상업자본주의로, 봉건시

시에나대성당에서 본 〈운명의 수레바퀴〉

1380년에 완공된 시에나대성당에 운명을 모티프로 한 작품이 있다는 것은 당시 사람들의 세계관을 짐작하게 하는 대목이다. 마키아벨리는 운명이 불행뿐만 아니라 행운도 아우르는 데 주목했으며 운명 못지않게 인간의 역량을 강조하는 능동성을 보였다.

대에서 근대로 이행하는 한편 정치적 불안에 따른 전쟁이 일상이던 시기에 사람들이 느낀 행운과 불운의 순환이라는 삶의 변천과 불안정성이 이렇게 표현되었다.

이런 세계관을 이어받아 발전시키는 자리에 마키아벨리가 있다. 그는『군주론』에서 운명과 역량을 주요 개념으로 쓴다. 그에 따르면, 역량은 자신의 힘이고 운명은 타인의 힘이다. 운명은 내 의지와 무관하기 때문에 역량에 기반을 둬야 한다. 인간의 의지 영역이 넓어질수록 운명의 영역은 좁아질 것이기 때문이다. 언제 닥칠지 모를 아르노강 범람의 피해를 줄이기 위해 둑을 쌓아야 한다는 말과 일맥상통한다.『군주론』25장에 이런 대목이 있다.

운명은 자신에게 저항할 역량이 전혀 갖춰지지 않은 데서 그 위력을 떨치며, 자신을 제지하기 위한 둑이 마련되지 않은 곳을 덮칩니다.

마키아벨리는 인간의 행동 양식과 상황을 통해 운명을 좀 더 구체적으로 설명한다. 행동 양식이 시대에 맞으면 행운이 따르고, 그렇지 않으면 불운이 온다. 그런데 시대의 흐름은 변하기 마련이다. 따라서 끊임없이 변하는 시대의 흐름에 잘 적응해서 행동 양식을 자유자재로 바꿀 수 있는 사람은 항상 행운을 달고 사는 사람이 될 수 있을 것이다.

하지만 마키아벨리가 지적한 것처럼 인간에게는 근본적 한계가 있다. 사람은 자신의 행동 양식을 쉽게 바꾸지 못한다. 개인의 비유연성에 대해 마키아벨리는 두 가지 이유를 댄다. 하나는 선천적인 것이고, 다른 하나는 후천적인 것이다. 먼저 인간은 타고난 기질이 있으며 이것은 바꾸기가 어렵다고 한다. 여기에 후천적인 것이 더해진다. 흔히 자수성가한 사람들이 완고한데, 자신의 행동 양식이 성공으로 이끌었다는 경험과 믿음이 그 사람의 변화를 막기 때문이다. 다시 말해, 인간은 유연성이 부족하고 바뀌는 시대의 흐름 속에 속수무책으로 당하기 십상이다.

여기에 마키아벨리의 유명한 조언이 등장한다. 운명은 여성이니, 그녀를 거칠게 다루고 과감하게 대하라는 것이다. 지금 보기에는 무모하고 무식한 비유일 수 있지만, 속뜻에 주목하자. 어차피 알 수 없는 미래라면, 운명에 과감하게 도전하라는 말이다. 운명에 순응하지 않고 할 수 있는 최선을 다하면 결과가 좋을 수 있다. 물론 안 좋을 수도 있다. 그러나 적어도 후회는 하지 않을 것이다. 운명보다는 자기 자신을 믿으라!

르네상스적인 인간은 세상을 안다고 자만하지 않는다. 단지 인간을 믿을 뿐이다. 안 돼도 할 수 없다. 이것이 인생의 비장미다. 이것은 우리에게 새로운 영웅관을 보여준다. 세상을 정복하고 운명을 휘어잡는 독보적 영웅이 아니라 비극을 인정하는 '쿨한' 인간이다. 운명의 여신에게 행운을 구걸하며 눈치만 보지 않는다. 그것은 비겁하고 구차한 삶이다. 자신의 한계를 인정하는 가운데 할 수 있는 최선을 다하는, 그러나 안 돼도 한번 '씩' 웃고 주어진 결과를 흔쾌히 받아들이는 인간이다. 최첨단 자본주의사회 그리고 우리나라처럼 이긴 자가 모든 것을 갖는[勝者獨食] 사회에서 돈과 힘 앞에 무릎 꿇지 않고 자기 길을 내는 삶은 얼마나 멋진가!

알토벨로 멜로네, 〈체사레 보르자 초상〉(1513)

마키아벨리가 메디치가에게 군주의 모델로 보르자(1475~1507)를 제시한 것은 보르자가 인민의 지지가 얼마나 중요한지를 알고 그에 따라 행동했기 때문이다.

피렌체를 위해 메디치가에 바치다

그런데 왜『군주론』의 모델이 보르자인가? 6장에는 모세, 로물루스, 키루스, 테세우스 같은 고대의 영웅들이 등장한다. 당대의 인물로는 온갖 역경을 이겨내고 용병대장에서 밀라노의 군주 자리에 오른 스포르차Francesco I Sforza도 있다. 이렇게 많은 인물들 중에 왜 보르자였을까? 그것은 마키아벨리가『군주론』을 메디치가에 헌정했으며 당시 국가 공동체 피렌체를 메디치가가 책임지고 있었기 때문이다.

보르자와 메디치가의 로렌초 2세는 여러 면에서 닮았다. 로렌초도 숙부인 교황 레오 10세의 전폭적인 지지하에 젊은 나이로 피렌체의 지배자가 되었으며 교황군의 사령관으로서 군대를 이끌기도 했다. 그리고 권력의 유지와 확장이라는 임무를 맡는다. 그런데 두 사람 모두 허약한 군대를 맡았으며 인민의 지지가 부족했다는 점에서 권력의 기반이 약했다. 메디치가는 보르자가보다 더 큰 영토를 가지고 있었다. 물론 교황국은 한시적인 것이지만, 메디치 교황이 자리를 지키는 한 메디치가의 영토는 피렌체공화국과 교황국으로 이탈리아반도의 5대 강국 중 두 나라를 차지하는 것이었다. 마키아벨리가 보기에 이보다 더 좋은 기회는 없었다. 광활한 영토에 교황권이라는 힘까지 있으니, 필요한 것은 능력뿐이다.

그런데 이 능력이라는 것이 참 오묘하다. 능력은 개인을 통해 드러나기 때문에 먼저 개인에 대해 파악해야 한다.『군주론』25장을 보면, 역사상 똑같이 행동한 사람들 중 어떤 이는 성공하고 어떤 이는 실패했다. 앞서 살펴본 것처럼 능력과 상황이 맞아떨어져야 성공할 수 있다는 것이다.

따라서 저는 운명은 가변적인데 인간은 유연성을 결여하고 자신의 방식을 고집하기 때문에, 인간의 처신 방법이 운명과 조화를 이루면 성공해 행복해지고 그렇지 못하면 실패해서 불행해진다고 결론 짓겠습니다.

상황 변화에 대처하는 인간의 행동 양식에 근본적 한계가 있다는 것은 앞서 권력과 권력 기반의 관계를 언급한 데서도 드러난다. 인간이 권력은 소유할 수 있지만 권력 기반은 소유할 수 없기 때문이다. 어차피 예측할 수 없는 운명의 세상에서 한계가 있는 인간은 두 가지 방식으로 대응할 수 있다. 하나는 우물쭈물하다가 아무 시도조차 없이 때를 놓치는 것이다. 다른 하나는 과감하게 돌진해 부딪쳐보는 것이다. 상황을 알아보려면 용감히 대응할 수밖에 없다는 말이다.

이런 문제를 『군주론』을 매듭지어야 하는 부분에 언급한 것은 큰 의미가 있다. '어찌 보면 군주 개인이 할 수 있는 것은 그리 많지 않다. 행동 양식이 경직되면 실패하기 쉽다'는 것이 마키아벨리가 군주에게 전하는 충언이다. 당연히 군주의 실패는 곧 국가의 실패일 수 있어서 중요한 문제다. 그렇다면 군주는 권력을 장악한 다음에 자기 능력을 믿고 권력을 함부로 휘두르면 안 된다. 그것은 권력을 잃는 지름길이다. 그리고 권력의 변동은 국가의 위험으로 이어질 수 있다. 그래서 마키아벨리는 군주가 권력을 자신이 아니라 국가의 강화를 위해 써야 한다고 보았다. 자국군과 인민의 지지라는 권력 기반을 강조한 것 그리고 개인의 행동 양식에 한계가 있다고 명시한 것도 바로 이 때문이다.

마키아벨리는 『군주론』의 맨 끝인 26장에 '야만족의 지배로부터 이탈리아의 해방을 위한 호소'라는 제목을 붙인다. 한 개인이나 가문의 사적 권력을 키워야 한다는 제언이 아니다. 첫머리는 메디치가 사람들이 얼마나 좋은 기회 앞에 있는지를 분명히 말한다. 역사상 많은 나라들이 역경 속에서 큰일을 해냈다. 이탈리아가 이런 나라들보다 훨씬 더 열악한 상황에 처해 있었지만, 이제 치고 올라갈 절호의 기회에 도달했다고 한다. 이탈리아가 나락에 빠졌어도 일반 민중에게는 여전히 역량이 있다고 설명한다. 하지만 군대는 나약하다. 제대로 된 지도자가 없었기 때문이다.

결투나 적은 수의 사람들이 싸울 때 이탈리아인들의 힘과 능력과 재주가 얼마나 우수한가를 보십시오. 그러나 일단 군대라는 형태로 싸울 때는 결코 두각을 나타내지 못합니다. 이 모든 것이 지도자의 유약함에서 비롯됩니다. 유능한 사람에게는 추종자가 없고, 사람들은 모두 자신이 제일 잘났다고 생각합니다. 이제까지 어느 누구도 다른 지도자들이 우월성을 인정하게 할 정도로 자신을 부각하는 데 성공하기에 충분한 역량이나 행운을 갖지 못했습니다.

자신을 제일 잘났다고 여기는 지도자는 주어진 권력을 누리려고

만 하지 권력의 기반을 확충해서 유지하고 확장할 생각을 하지 않는다. 결국 마키아벨리가 메디치가에 바란 것은 군대의 정비와 인민의 지지 확보다. 즉 메디치가가 가진 행운을 제대로 이용하라는 것이다. 여기에는 능력이 필요하다. 바로 보르자가 보여준 상황 파악 능력과 냉철함 그리고 결단력과 행동력이다.

마키아벨리는 메디치가에게 진정한 통치술을 전하고 싶어 했다. 행운이 가져다준 지위에 만족하고 지배하는 것을 즐기다가는 자유를 잃기 십상이기 때문에, 그는 헌정사에서부터 아첨 대신 진실한 내용으로 쓴소리를 하겠다고 밝혔다. 군주들이 금은보화 좋아하는 것을 잘 알지만 그는 그것을 바치지 않았다. 그런 것은 군주에게 권력의 맛을 느끼게 해 타락으로 이끌기 때문이다. 마키아벨리는 군주가 듣기 싫어하는 소리를 했다. 쓴 약을 준 것이다. 메디치가의 군주가 그 약을 알아보고 기꺼이 입에 넣어 큰일을 이루기를 바랐다. 하지만 역사는 마키아벨리의 뜻과 다르게 흘러갔다. 마키아벨리는 공직에 다시 오르지 못했고, 피렌체는 여전히 외세에 좌지우지되었다.

『군주론』의 오해를 벗기다

마키아벨리의 『군주론』을 어떻게 이해해야 할까? 『군주론』은 권력, 달리 말하면 군주국을 어떻게 획득하고 보존할 수 있는가에 초점을 맞춘다. 세부적으로 살펴보면 이 책은 크게 네 부분으로 구성되어 있다. 1장에서 11장까지는 세습 군주국, 복합 군주국, 신생 군주국을 비롯해 여러 유형의 군주국에 대해 다룬다. 12장에서 14장까지는 군대 문제를 다루면서 용병을 비판하고 자국군의 중요성을 설파한다. 15장에서 23장까지는 군주가 어떻게 행동해야 하는지에 대한 조언이 핵심이다. 마지막 부분인 24장에서 26장까지는 이탈리아가 왜 참담한 상황에 빠지게 되었는지를 설명하고 이탈리아의 해방과 통일을 염원하는 내용이다.

『군주론』은 여러 가지 방법으로 읽을 수 있다. 고전이라는 숲에 길이 하나만 나 있지는 않기 때문이다. 독자의 경험과 경륜 또는 문제의식에 따라 『군주론』 독서에 대한 기대가 다르고, 그런 만큼 『군주론』을 읽고 얻어내는 지혜도 다를 것이다. 나는 권력에 초점을 맞춰 『군주론』을 읽어보라고 권한다. 일반적으로 권력은 다른 사람에게 그 사람이 하려고 하지 않는 일을 시킬 수 있는 힘으로 정의된다. 따라서 개인이 직접 소유하는 것으로 본다. 이런 정의에 따라 『군주론』도 군주 개인의 권력 장악에 초점을 맞춰 읽어왔다. 이 책이 처세술 도서 목록에서 빠지지 않는 것은 바로 군주 개인의 권력 장악, 즉 성공을 위한 전략이 담긴 책이라는 인식 때문일 것이다.

그런데 내가 생각하는 권력은 두 가지다. 하나는 개인이 손에 쥘 수 있는 힘 또는 강제력이고, 다른 하나는 주변 사람들의 호의와 지지 속에 생기는 힘이다. 후자는 장악하는 것이 아니며 관계적이고 집합적이다. 우리가 쉽게 생각할 수 있는 예를 들면, 많은 사람들이 한마음으로 광장에 모일 때 나타나는 힘이다. 보통 마키아벨리의 『군주론』은 일반적으로 떠올리는 강권적인 힘만 강조한다고 여겨졌다.

그러나 마키아벨리는 관계적이고 집합적인 힘을 더 중시했다. 『군주론』 9장에서 그는 모든 국가가 귀족과 인민으로 구성된다면서, 귀족보다는 인민에게 의지해야 한다고 강조한다. 귀족과 인민의 관계를 잘 조율해야 국가가 부강해질 수 있다. 귀족은 소수이면서 지배욕이 있기 때문에 제어의 대상이고, 인민은 다수이며 자유애가 있기 때문에 보호와 장려의 대상이다. 보르자가 로마냐 지방을 평정할 때 이렇게 했다. 그의 업적이 바로 국가의 토대로서 군대를 확충하고 인민의 지지를 확보한 것이다.

이탈리아 군주들이 나라를 잃게 된 이유를 설명한 24장에서도 마키아벨리는 관계적 힘이 강하다는 것을 보여준다. 작은 나라인 마케도니아의 필리포스왕이 강대국 로마나 그리스의 공격을 충분히 잘 방어한 것이 인민의 지지를 얻은 덕이라고 말한다. 인민의 호의와 지지에서 나오는 힘은 산술적으로 설명할 수가 없다. 관계적 힘은 가변적이기 때문이다. 열 명이 모여도 분열되어 있으면 단 한 명의 힘도 낼 수 없지만, 통합하고 중지를 모아내면 열 명이 백 명의 힘도 낼 수 있다. 용병은 이런 힘을 모아낼 수 없다. 그래서 마키아벨리가 인민의 지지와 자기 군대가 진정한 국가의 토대라고 강조한 것이다.

한 사람이 장악하는 강제적 힘과 인민의 지지에서 나오는 관계적 힘을 기준 삼아 『군주론』을 읽어보면, 군주와 군주국을 분명히 구별하게 된다. 군주는 역량이 뛰어난 인물이어야 한다. 하지만 군주가 뛰어나다고 해서 군주국이 저절로 강해지지는 않는다. 군주의 힘과 군주국의 힘은 다르기 때문이다.

피렌체 국립중앙도서관에 전시된 마키아벨리 저술

단테의『신곡』, 콜로디의『피노키오의 모험』, 마키아벨리의『군주론』. 이 세 작품은 이탈리아인의 저술 가운데 다른 나라 언어로 가장 많이 옮겨진 것으로 꼽힌다. 마키아벨리의 필력을 새삼 확인하게 되는 사실이다.

권력 중에서도 강제적인 장악력을 강조했을 것이라는 오해와 마찬가지로 군주 개인의 역량에 초점을 맞췄을 것이라는 오해도 『군주론』이 악명을 얻는 데 한몫을 톡톡히 했다. 군주는 때로 몰락과 생존의 갈림길에서 선택을 해야 한다. 이때 좋은 선택을 하려면 세상에 대한 이해가 필요하다. 세상에 착한 사람만 살지는 않는다는 걸 알아야 한다. 3장에서 마키아벨리가 이렇게 말한다. "인간들이란 다정하게 대해주거나 아주 짓밟아 뭉개버려야 한다는 점입니다. 왜냐하면 인간이란 사소한 피해에 대해서는 보복하려고 들지만 엄청난 피해에 대해서는 감히 복수할 엄두조차 내지 못하기 때문입니다." 인간은 이기적이고 나약한 존재이기 때문에 타인을 해치는 악한 행동을 하기 쉽다. 더구나 토착 귀족이나 정복욕이 있는 타국의 군주는 이해관계에 따라 어떤 행위든 할 준비가 되어 있다. 이런 상황 속에서 몰락하지 않으려면 때때로 권모술수가 필요하다는 데 동의하지 않을 수 없다.

그런데 권모술수를 잘 써야 한다. 잘못 쓰면 더 큰 피해만 보기 때문이다. 8장에서 마키아벨리는 폭력 행위의 효율성을 설명하면서 시혜 행위는 천천히, 폭력 행사는 단번에 하라고 조언한다. 어쩔 수 없이 폭력을 써야 할 때가 있지만, 이런 폭력 행위가 결코 명예를 가져오는 덕이 될 수는 없다는 것이 분명하다. 따라서 비도덕적 행위가 계속 이어지면 실패할 수밖에 없다는 점을 기억하고 단번에 행하라는 것이다.

그렇다면 군주는 무엇을 위해서 때때로 비도덕적 행위까지 마다하지 않아야 하는가? 그것은 바로 질서 있는 국가의 확립이다. 자신이 힘이 없을 때 권모술수를 쓴 보르자를 마키아벨리가 칭송한 이유에 대해 다시 생각해보자. 결국 그가 국가의 토대인 자국군과 인민의 지지를 확보하기 위해서 어쩔 수 없이 한 행동이었기 때문이다.

군주 개인의 권력이 아니라 국가의 힘에 대한 강조는 '군주국의 국력은 어떻게 측정되어야 하는가'라는 제목의 10장에서 잘 드러난다. 이 장에서 군주국 대신 독일의 자유도시에 대해 이야기한다. 인민들이 자유롭게 살아야 국력이 강해진다는 뜻이 담긴 선택이다. 국력은 군주의 권력, 즉 군주가 무기를 얼마나 가지고 있으며 돈이 얼마나 많은지에 따라 결정되는 것이 아니라 국가의 핵심 구성원인 인민들의 지지와 결집에서 나온다고 했다. 군주 개인의 힘이 아니라 군주국의 힘이 바로 『군주론』의 핵심적인 문제의식이라는 것을 확인할 수 있다. 다만 군주국의 힘을 강화하려면 군주가 지혜롭게 처신해야 하기 때문에 군주의 역량을 강조하는 것이다.

『군주론』에서 마키아벨리가 중시하는 것은 인민과 군주의 관계다. 군주가 무질서에서 질서를 잡으려면 때때로 비윤리적인 수단을 사용해야 한다. 그러나 이런 군주가 곧 폭군을 의미하지는 않는다. 『군주론』에서 폭군이라는 단어는 단 한 번도 사용되지 않았다. 자신의 이익만 추구하는 군주를 설명하지도 않았다. 반인반수半人半獸가 되어서라도 군주가 추구해야 하는 목표는 국가의 부강과 생존이다. 『군주론』의 마지막 장에서 강조한 이탈리아의 통일과 외세로부터의 해방이 바로 그 예다.

결국 마키아벨리는 『군주론』에서 다양한 예를 통해 군주국이 무엇인지 보여주고, 인민과 군주의 바람직한 관계 및 군대의 효율적인 운영을 통해 국력을 키울 것을 조언한다. 그리고 때로는 법과 질서를 확립하기 위해 폭력을 써서라도 이탈리아의 통일과 외세로부터의 해방으로 나아가야 한다고 역설한다.

『군주론』은 흔히 말하듯 성공을 위한 지침서도 권모술수를 가르치는 전략서도 아니다. 모든 나라의 꿈이라고 할 수 있는 부국강병을 이루기 위해 지도자가 해야 하는 일을 탁월한 고전 지식과 탄탄한 정무 경험을 통해 알려주는 책이다. 군주는 자기 권력이 강해지면 국가도 강해진다고 착각하기 쉽다. 하지만 그 반대일 수도 있다. 국가 구성원, 특히 인민의 자유로운 삶과 부강한 국가에 대한 통찰이 있는 군주라면 자신의 이익이 아니라 국가의 이익을 먼저 생각할 것이다.

『군주론』이 악마의 책이라는 오명까지 덮어쓴 것은 마키아벨리가 인간과 권력의 속성을 가식 없이 드러냈기 때문이다. 세상의 부정적인 면을 인정하지 않는 사람들은 이 책의 솔직한 내용에 당황할지도 모른다. 하지만 부정한다고 해서 우리 안의 이기심이나 비굴함이 사라지지는 않는다. 허울 좋게 체면이나 차리면서 우리 안의 부정적인 면이 빚어낸 현실의 문제 상황을 해결할 수 있겠는가? 『군주론』은 나 자신과 세상을 맨눈으로 돌아보게 한다. 그래서 오늘도 여전히 우리가 『군주론』을 읽는 것이다.

운명의 여신 포르투나

마키아벨리가 살던 시기에 피렌체 시민들은 신에 대한 믿음과 인간에 대한 믿음 사이에서 고뇌하고 있었다. 그 시대 사람들은 대부분 깨닫지 못했겠지만, 세계사의 큰 전환이 일어난 만큼 사회·경제·문화 등 여러 방면에서 혼란이 있었다. 외세의 침입과 이탈리아 국가들 사이의 전쟁도 잦았으니, 사람들의 고뇌가 클 수밖에 없었을 것이다. 그리고 여기에 더해진 아르노강의 범람 같은 자연재해는 피렌체 르네상스인들의 세계관에 큰 영향을 미쳤다.

피렌체 시내에는 아르노강의 가공할 범람을 떠올릴 흔적이 많이 남아 있다. 건물 벽에서 눈금 같은 것이 많이 보이는데, 바로 아르노강이 넘쳤을 때 물에 잠긴 높이를 표시해놓은 것이다. 오래전부터 아르노강의 범람은 피렌체의 골칫거리였다. 마키아벨리는 1333년에 일어난 아르노강의 범람을 『피렌체사』 2권 31장에 서술했다. 도시가 7미터 넘

산타크로체성당의 홍수 표시

게 물에 잠겼다니 공포가 어마어마했을 것이다. 가까운 예를 들면, 1966년에도 아르노 강이 범람해서 문화재 피해가 컸다고 한다. 치수治水, 즉 홍수와 가뭄의 피해를 막는 것은 동서고금을 막론하고 정치의 기본 과제였다. 건축에도 일가견이 있던 다 빈치는 이 문제 때문에 운하 건설을 구상했고, 이 일에 마키아벨리가 공화국의 서기관으로서 관여한 것으로 보인다. 피렌체 사람들이 아르노강의 범람을 마음속에 얼마나 깊이 새겼는지는 『군주론』 25장에서도 확인할 수 있다.

포르투나

저는 운명의 여신을 험난한 강에 비유합니다. 이 강은 노하면 평야를 덮치고, 나무나 집을 파괴하며, 이쪽 땅을 들어 저쪽으로 옮겨놓기도 합니다. 그 격류 앞에서는 모든 사람이 도망 가며, 어떤 방법으로도 제지하지 못하고 굴복합니다. 그렇다고 해서 평온한 시기에 인간이 미리 둑을 쌓음으로써, 다음에 강물이 불어나도 수로로 물줄기를 돌려 둑을 넘지 못하게 하 거나 둑을 넘어도 그 힘을 통제하거나 피해를 줄일 수 없다는 점을 뜻하지는 않습니다.

언제 범람할지 모를 강을 포르투나, 즉 예측할 수 없는 운명의 여신에 빗대면서도 다 빈 치가 구상한 운하라든지 둑을 짓는 인간의 대비와 노력을 통해 그 피해를 줄일 수 있다고 말한다. 조건이 나빠도 최선을 다하고 인간을 긍정하는 마키아벨리의 됨됨이가 드러나 는 대목이라 인상적이다.

르네상스 시기 작가들은 운명이라는 주제를 잘 다뤘는데, 『데카메론』이 그중 가장 많이 알려진 작품이라고 할 수 있다. 1348년에 피렌체를 덮친 흑사병을 피해 세 청년과 일곱 귀부인이 도시를 떠나 교외를 돌아다니면서 10일에 걸쳐 100가지 이야기를 나눈 이 소 설은, 덧없는 인생과 당시 사회에 대한 신랄한 풍자를 담고 있다. 이 작품의 조금 엉뚱한 특징을 들자면, 고전 목록에 오른 작품치고는 야한 장면이 많아서 독자를 깜짝 놀라게 한 다는 것이다. 수도사들의 물욕과 성욕, 귀족들의 허세를 거침없이 묘사한 덕에 이런 특징 이 생겼다. 흑사병 때문에 한 도시가 사라질 정도로 많은 사람들이 죽어나가는 아비규환 속에서 갖가지 욕망을 적나라하게 묘사한 것은 세속에 대한 강한 애정의 표현이라고 볼 수도 있다. 사회 풍자 속에서 인간의 속성과 인간사에 대한 근본적인 성찰도 엿보인다. 흑사병이라는 대항할 수 없는 힘 앞에 철저히 무장해제된 인간이 세계를 설명하려면 포 르투나, 즉 '모든 것이 운명'이라는 말밖에 할 수 없었을 것이다. 흑사병을 치료할 약이 없 는데 어떤 이는 병에 걸리고, 어떤 이는 병을 피하고, 어떤 이는 병에 걸렸다가 낫고, 어떤 이는 병 때문에 죽는 상황! 인간이 설명할 수 없는 운명이라는 신 앞에서 인간이 할 수 있 는 것은 없다. 성직자도 죽어나가는 상황에서 그 전까지 굳게 믿던 하느님은 아무 말씀도 없었다.

하지만 운명이 절망만을 의미하지는 않는다. 도저히 설명할 수 없는 변화무쌍 속에는 잘 안 될 가능성뿐만 아니라 잘 될 가능성도 있기 때문이다. 성공한 사람이 계속 정상에 머무르지는 않고, 실패한 사람이 계속 나락에서 허우적거리지는 않는다. 그래서 불운의 시기에 희망을 품고, 행운의 시기에 절제하는 덕을 키우는 것이다.

05

NICCOLÒ MACHIAVELLI

정치란 무엇이며
권력은 어디에서 오는가

시대를 앞선 지혜

피렌체 정치에 대한 두 가지 관점

마키아벨리 생가 터에서 남쪽으로 내려가면 왼쪽에 귀차르디니 저택이 있다. 그는 귀족 출신으로 피렌체와 교황청에서 중요한 공무를 맡았고, 마키아벨리보다 나이가 적지만 친구로서 그와 많은 편지를 교환하며 피렌체의 정치에 대해 토론했다. 귀차르디니 저택은 바로 옆에서 넓은 광장까지 품고 웅장한 위용을 뽐내는 피티궁과 비교되어 소박한 느낌을 준다. 집은 그곳에 사는 사람의 세계관과 생활양식을 반영하기 마련이다. 그래서 권력과 부를 지나치게 좇기보다는 명예와 합리성을 추구하며 절제한 귀족의 전형으로서 귀차르디니의 성품이 느껴졌다. 귀족인 그가 평민인 마키아벨리와 교류하고 소통한 이유도 화려하지 않은 그의 저택에서 보이는 겸손함 그리고 피렌체의 유지와 영광이라는, 두 사람이 함께 추구한 이상에서 찾을 수 있을 것이다.

물론 마키아벨리가 평민 편에서 피렌체의 정치를 고민했다면 귀차르디니는 귀족을 대변했다. 하지만 이들은 피렌체의 위기 속에서 그 해결 방안을 같이 고민하고 찾던 애국자다. 인민 중심의 공화정을 옹호한 마키아벨리와 귀족 중심의 공화정을 옹호한 귀차르디니를 비교해보며 피렌체 정치에 대한 이해의 폭을 넓힐 수 있다.

공화정은 공동체 구성원들의 협치가 핵심이다. 공동체를 구성하는 세력은 보통 둘이나 셋으로 나뉜다. 고대로부터 내려온 삼분법은 상층·중층·하층, 즉 부자·중산층·빈자로 나누며 이분법은 귀족과 인민으로 나누는 것이다. 그런데 우리가 여러 차례 확인한 것처럼 마키아벨리는 공화정의 성패가 귀족과 인민의 관계에 달렸다고 보았다. 그가 인민 중심의 공화정을 주장한 것은, 그래야 자유를 지키고 발전시키며 강한 군사력을 바탕으로 강대국을 건설하기에 더 유리하기 때문이다. '자유의 수호자'로 귀족과 인민 중 누가 더 적당한가를 논한 『로마사 논고』 1권 5장에서 그는, 고대의 스파르타와 당대의 베네치아를 귀족이 주도하는 공화국으로 보고 로마는 평민에게 자유를 맡긴 공화국이라고 한다. 그리고 이 두 가지 공화국 중에서 로마를 옹호한다. 귀족은 지배하려는 야망이 있기 때문에, 그들에게 주도권을 주면 인민에게 자유를 맡길 때보다 더 위험하다는 이유에서다. 또한 인민은 지배당하지 않고 자유롭게 살려는 욕망이 크기 때문에 자유를 지키는 데 더 열성적이다. 즉 소유하고 지배하고 독점하려는 욕망이 강한 자들은 위험하다는 뜻이다.

반면, 스파르타와 베네치아처럼 귀족들에게 자유의 수호를 맡기는 것이 좋다는 이들도 있다. 이들은 더 큰 권력을 쥔 귀족들이 자신들의 욕망을 더 만족시키기 위해 정치를 잘할 것이라고 주장하는

귀차르디니의 집

부족할 것 없는 귀족의 집치고는 소박하다. 피티궁이 가까이 있어서 상대적으로 더 그렇게 보일 수 있지만, 평민인 마키아벨리와 평생 우정을 나눈 공화주의자로서 그의 성향이 반영되었다고 할 수도 있다.

데, 이런 시각에는 인민에 대한 불신이 담겨 있다. 인민은 변덕스럽고 못 믿을 존재라는 것이다. 마키아벨리는 베네치아와 스파르타의 정치체제도 나쁘지 않다면서 지배층의 단결력, 신분상의 불평등 대신 부의 평등을 유지한 것이 장점이라고 한다.

그리고 로마 또는 베네치아와 스파르타 중에서 좋은 쪽을 선택할 때 고려할 점을 제시한다. 국가를 유지하는 데만 만족할 수 있다면 베네치아와 스파르타를 모방해도 좋지만, 대제국을 건설하려면 로마를 선택해야 한다는 것이다. 즉 국가가 팽창하기를 바라면 로마처럼 인민과 귀족의 갈등을 체제 내에서 제도로 조율해야 하지만, 영토 확장을 바라지 않는다면 스파르타나 베네치아처럼 인민을 배제하고 안정된 국가를 이루면 된다. 강한 군대를 만들기 위해 인민을 충원할 필요가 없기 때문이다.

마키아벨리가 다른 나라를 침략해서 속국으로 삼고 착취를 일삼는 패권 국가를 옹호하는 것은 아니다. 그는 팽창이 국가 간 관계에서 필연의 영역에 있다고 본다. 가만히 있으려고 하는 나라라도 다른 나라가 침략하면 나라를 잃지 않기 위해 전쟁을 치러야 한다. 이기면 곧 영토 확장이다. 다시 말해, 국가 간 관계를 지배하는 원리를 약육강식으로 보았다.

무릇 인간 만사는 끝없이 변전 유동하기 때문에 부침을 거듭한다. 이성이 인도하지 않은 많은 일이 필연에 따라 부득이 이루어지기 마련이다. 그러므로 만약 공화국이 확장되지 않는다는 전제하에 스스로를 유지하는 데 적합하도록 세워져 있는데 필연에 따라 부득이 성장하게 된다면, 그 과정에 국가의 토대가 흔들리고 순식간에 붕괴할 수밖에 없을 것이다. 그러나 이와 반대로 하늘이 그 나라가 전쟁을 하지 않아도 되도록 자비를 베푼다 해도, 나태 탓에 나라가 유약해지거나 분열을 겪게 될 것이다. 두 영향이 한데 섞여 또는 어느 한 원인에 따라 그 나라의 몰락을 초래할 것이다. 이런 일들 간에 균형을 잘 잡거나 정확히 중간 길을 걸어가는 것은 불가능하다고 믿는다. 그러므로 국가를 건설하는 데 가장 명예로운 방책을 강구해야 한다. 아울러, 필연에 따라 국가의 확장을 피할 수 없는 경우에도 확장된 영토를 유지할 수 있도록 조치를 미리 강구해둬야 할 것이다.

　—『로마사 논고』, 1권 6장

　국제 관계를 조율할 만큼 큰 권위체가 없고 전쟁이 일상화된 시기를 배경으로 나온 현실적 정치관이 보인다.

　그런데 귀족 출신인 귀차르디니는 여러 면에서 마키아벨리와 다른 정치관을 보여준다. 우선 귀차르디니는 베네치아의 과두적 공화정을 모범으로 꼽는다. 마키아벨리의『로마사 논고』를 반박하는 소책자를 펴내기까지 한다. 이 책에서 귀차르디니는 로마가 발전하는 데 인민의 참여가 크게 기여했다는 점을 인정하지 않는다. 이에 따라 그는 마키아벨리가 인민을 대변하는 제도로 호평한 호민관 제도를 비판한다. 호민관이 귀족을 제어하는 데 도움이 되었을지는 몰라도 인민을 제어하는 데는 실패했다는 것이다. 그리고 결국 인민과 귀족의 갈등을 첨예화해 로마의 몰락을 가져왔다고 본다. 마키

줄리아노 부기아르디니, 〈프란체스코 귀차르디니〉(1538~1540)

귀족과 평민이라는 신분 차이와 열네 살에 이르는 나이 차이가 있어도 마키아벨리와 평생 친구로 지낸 피렌체의 귀족 귀차르디니(1483~1540). 그의 책을 서점에서 볼 수 있는데, 생전에 절친하던 두 사람이 모두 지금까지 읽히는 책을 여러 권 가진 점과 그 가운데 처세서로 불리는 책이 하나씩 있다는 점이 흥미롭다.

아벨리가 인민의 자유애와 능력을 신뢰한 것과 달리 귀차르디니는 이를 불신한 것이다. 귀차르디니는 인민이 기본적으로 수가 많기 때문에 의견이 통일되지 않으며 우매하고 근시안적이기 때문에 분열과 갈등을 조장해서 믿을 수 없는 반면, 귀족은 지혜와 경험과 고귀한 성정을 갖춰 믿을 수 있다고 한다.

인민과 귀족에 대한 두 사람의 인식 차이는 평등과 자유에 대해서도 마찬가지다. 마키아벨리는 귀족과 인민의 형식적 평등을 강조하는 측면이 있다. 귀족과 인민은 능력과 가진 것의 차이로 계층이 달라졌을 뿐, 인간으로서 그리고 시민으로서 평등하다는 것이다. 즉 능력을 계발할 수 있는 조건으로서 평등과 자유를 강조한다. 이런 시각은 그가 『로마사 논고』에서 "부패나 자유로운 삶에 대한 자질의 결여는 도시에 존재하는 불평등에서 비롯한다"고 한 데서도 드러난다. 하지만 귀차르디니는 계층에 따라 차별적인 인식을 보여준다. 그는 귀족과 부자의 능력이 인정되고 존중되어야 한다고 본다. 인민은 능력이 부족해서 귀족이 담당하는 정치적 구실을 맡을 수 없다는 것이다.

이렇게 차이가 있지만, 마키아벨리와 귀차르디니는 모두 공화주의자였다. 공화주의자는 권력의 독점에 반대한다. 독점은 배제와 억압과 폭력의 정치를 동반해 폭군을 낳기 때문이다.

먼저, 귀차르디니는 군주제가 폭정을 낳을 위험성과 더불어 인민의 정부가 무질서 상태로 타락할 수 있음을 경고한다. 독점에 대한 경고는 견제와 균형에 대한 찬성과 맥을 같이한다. 따라서 그도 인민의 정치기구가 필요하다고 보았다. 예컨대 법률의 통과를 결정하는 기능은 다수 시민들의 대표 기관인 평의회에서 맡아야 하지만, 그 법률의 심의는 귀족들의 모임인 원로원에서 맡아야 한다고 했다. 기능의 분담을 제안한 것이다. 그래도 정치의 중심은 원로원에 있다.

마키아벨리는 역시 귀족을 불신하면서도 그들이 없어져야 된다고 생각하지는 않았다. 귀족과 인민이 견제 속에 상생과 발전의 정치를 꾀해야 한다고 보았다. 이런 시각이 드러난 『피렌체사』 3권 1장을 보자.

> 로마는 민중이 승리하면서 점점 용감해졌다. 왜냐하면 민중에 속한 시민도 귀족과 함께 최고 관직에, 즉 군대와 정복지의 명령권자 자리에 오를 수 있었기 때문에 그들은 귀족에게 충만했던 것과 같은 역량으로 충만했으며 이렇게 역량이 커지면서 권력도 커졌다. 그러나 피렌체에서는 민중이 승리하자 귀족들은 관직에서 배제되었고, 그들이 그것을 얻으려면 행동과 신념 그리고 삶의 양식을 민중과 같게 해야 하고 그렇게 보여야만 했다. 이때 귀족은 민중이 되기 위해 가문의 문장과 이름의 변화를 겪었으며 귀족에게 있던 군사적 역량과 정신적 고귀함이 그것이 없던 민중 속에서 되살아나지 않고 사라지게 되었다. 그렇게 피렌체는 계속 낮은 상태로 떨어지게 되었다.

로마는 인민과 귀족이 견제와 균형을 통해 법을 만들었고, 인민이 법치 속에서 귀족의 능력을 배우며 고양되었다. 반면에, 피렌체에서는 인민이 승리하자 귀족을 배제하고 억압했다. 그 결과, 귀족에게서 배워야 할 역량이 사라졌으며 이것은 피렌체의 크나큰 약점으로 남았다.

결론적으로 마키아벨리와 귀차르디니는 어느 한 계층의 권력 독점에 반대하고 귀족과 인민 모두의 정치 참여를 주장했다는 측면에서 공화주의자였다. 다만 마키아벨리는 인민에게, 귀차르디니는 귀족에게 더 신뢰를 보였으며 저마다 자신이 신뢰하는 계층이 공화국에서 좀 더 주도적으로 기능해야 한다고 주장하면서 차이를 보였다.

대포와 성채보다 강한 시민의 힘

마키아벨리는 『군주론』과 『로마사 논고』에서 성채 또는 요새에 대해 말한다. 사실 당시 이탈리아에서 성채는 정치와 군사 부문에서 아주 중요하게 논의되고 있었다. 샤를 8세가 1494년에 알프스를 넘어 이탈리아로 진격하면서 가져온 대포 때문이다. 이 새로운 무기가 이탈리아 여러 도시에서 적을 막기 위해 쌓아놓았던 성곽을 쉽게 무너뜨렸다. 프랑스가 짧은 기간에 이탈리아를 종단해 나폴리까지 갈 수 있었던 것이 바로 대포의 힘 때문이다. 속수무책으로 무너지는 성채 앞에 이탈리아 사람들은 성곽을 다시 두껍게 쌓아야 대포를 막을 수 있다고 생각하게 된다.

하지만 마키아벨리는 생각이 달랐다. 무기보다는 그것과 관계하는 사람에 초점을 맞췄다. 역시 지도자와 인민의 관계다. 인민의 지지를 얻는 지도자라면 성채가 필요 없다는 것이다. 오히려 성채는 외부의 적보다 내부의 적을 감시하고 단속하기 위해 필요한 것이며 좋은 군대, 즉 인민의 지지 속에 그들로 충원된 군대가 성채보다 더 낫다고 보았다. 물론 그가 성채가 전혀 필요 없다고 말한 것은 아니다. 무기 또는 무장의 중요성을 그가 몰랐을 리 없다. 다만 그는 전쟁을 정치의 연장으로 보았다. 근대 독일의 유명한 전술가인 클라우제비츠가 "전쟁은 다른 수단을 쓰는 정치의 연속"이라고 말한 것과 맥을 같이한다.

마키아벨리는 『전술론』에서 시민과 군대의 문제를 본격적으로 다뤘다. 사실 최첨단 기술이 발전한 오늘날에도 용맹한 군인의 사기는 대단히 중요하다. 무기가 신념을 가지고 스스로 움직이지는 않기 때문이다. 프랑스가 강한 군대와 무기를 가지고 침입했는데 싸워보지도 못하고 성문을 열어줘야 했던 이탈리아 도시들 내부의 문제가 마키아벨리에게는 더 중요하게 보였을 것이다. 아무리 좋은 무기와 튼튼한 성곽이 있어도 타락하고 비겁한 시민은 싸울 엄두도 내지 못하고 도망갈 것이다. 하지만 용감한 시민은 조국이 위기에 처했을 때 무기가 없다면 맨주먹으로라도 나설 것이다. 그렇다면 용감한 시민, 즉 목숨을 바쳐 조국에 충성할 시민은 어떻게 나타나는가가 문제다. 이것이 정치의 관건이며 공동체의 권력 배분을 둘러싸고 시민들의 평등하고 자유로운 관계를 구성해내는 문제와 관련된다.

피렌체와 경쟁 관계에 있던 시에나에서 시민의 정치 참여에 대해 생각해본다. 시에나를 대표하는 건물인 푸블리코궁은 기원이 13세기까지 거슬러 올라간다. 전통 귀족의 주도권을 빼앗고 주류로 성장한 신흥 부르주아층을 대표해 이 건물을 짓는 데 앞장선 이들은 주로 상공업과 은행업 등에 관여한 '9인회'다. 이 건물 2층의 시 박물관에서 볼 수 있는 시에나의 역사와 관련된 많은 전시실 중에서 가장 유명한 공간이 아마 '9인회의 방'일 것이다. 9인회는 시에나에서 가장 중요한 정치적 결정 기구였다. 푸블리코궁 앞에 있는 캄포광장의 빗살무늬 아홉 면이 시 청사를 향해 모이는 구조를 보인다. 달리 말하면, 시 청사에서 빗살무늬 아홉 면이 퍼져나가 광장을 이루는 것이다. 유럽에서 가장 아름다운 광장으로 꼽히는 이 광장에 담긴 아홉의 의미가 바로 중세 시에나의 중핵을 이루고 있던 9인회 정부를 상징한다.

　9인회 정부는 1287년부터 1355년까지 시에나를 통치했다. 이 시기에 시에나는 도시국가로서 최전성기를 구가했고, 캄포광장과 푸블리코궁을 비롯해 지금까지 시에나를 빛내는 많은 건축물들을 만들어냈다. 그만큼 세력이 크고 시민들의 자부심도 강했을 것이다. 전통 귀족 세력을 배제하고 폭넓은 시민층에 기반을 둔 9인회 정부가 그들의 통치 이념을 '평화의 방'이라고도 불리는 9인회의 방에 있는 프레스코화 〈선정과 악정Allegoria ed Effetti del Buono e del Cattivo Governo〉에 담았다. 시에나 시립 박물관에서 가장 유명한 공간인 만큼 거의 언제나 관람객으로 붐비는 이 방은 중세에도 붐볐을 것이다. 바로 이곳에서 9인회가 방문객을 맞이했기 때문이다. 9인회는 나라 안팎에서 그들을 찾아온 손님들에게 자신들의 통치 이념을 간명하면서도 극적으로 보여주고 싶었을 것이다.

시에나 푸블리코궁 앞에 펼쳐진 캄포광장
푸블리코궁 앞에 펼쳐진 모양이 조개껍데기를 닮은 캄포광장은 유럽에서 가장 아름다운 광장
으로 불리기도 한다. 매년 7~8월에 이곳에서 이탈리아 전통 축제이자 말 경주인 '팔리오'가 열
린다.

〈선정과 악정〉은 선정과 악정을 비유적으로 표현한 부분과 그런 정치가 도시와 '콘타도', 즉 도시의 지배를 받는 농촌에 미친 영향을 묘사한 부분으로 구성된다. 네모난 방에서 창이 있는 벽을 빼고 세 벽면에 그림 한 폭씩, 선정을 나타낸 그림 두 폭과 악정을 나타낸 그림 한 폭 등 총 세 폭이 보인다. 선정을 표현한 그림에는 평화와 안정을 누리는 시민들의 모습이 표현되어 있다. 선정을 묘사하는 장소는 도시 안팎이다. 도시 내 시장의 풍경이 당시 상거래의 활기찬 분위기를 잘 전해준다. 일군의 사람들이 축제를 즐기는 듯 모여서 춤을 추기도 한다. 평화 속에서 번영을 누리는 도시의 모습 그 자체다. 열심히 밭을 가는 사람들이 있는 농촌의 모습도 이와 분위기가 비슷하다. 반면, 악정 그림은 폭력으로 탄압받는 시민들과 전쟁으로 폐허가 된 도시의 모습을 담고 있다. 선정을 나타낸 그림에 비해 악정을 묘사하는 그림이 많이 훼손되었지만, 폭정에서 비롯한 억압과 불안은 고스란히 느낄 수 있다.

선정 그림에서 핵심은 비스듬히 편하게 누워 '평화'를 대변하는 여인의 모습이다. 그 옆에는 왕을 중심으로 다섯 왕비가 앉아 있는데, 이들이 저마다 용맹·지혜·관용·절제·정의를 상징한다. 왕은 공공선을 상징한다고 볼 수 있으며 그 어깨 위에 'CSCV'라는 네 문

암브로조 로렌체티, 〈선정과 악정〉(1338) 중 선정의 효과를 나타낸 그림
선정을 누리는 도시(위)와 농촌 사람들의 모습은 열심히 일하는 한편 축제를 즐기기도 한다. 좋은 정치가 이뤄야 할 목표가 거창하고 어려운 것은 아니다.

〈선정과 악정〉 연작에서 선정을 비유한 그림

왼편에 앉아 저울로 균형을 잡는 인물은 정의고, 그녀의 아래에 화합이 있다. 오른편에는 시에 나시를 상징하는 왕과 그의 좌우로 늘어선 평화·용맹·지혜·관용·절제·정의의 여섯 인물들이 보인다. 이 그림에서 좋은 정치란 무엇인가에 대한 14세기 시에나 시민들의 생각을 읽을 수 있다.

자가 새겨져 있다. 이는 '시에나 도시 공동체, 성모 마리아의 도시 Commune Senarum, Civitas Virginis'를 뜻한다. 왕(군주)이 상징하는 것에 대해서는 학자들 사이에 의견 차이가 있지만, 시에나가 지배자의 사적 이익을 대변하는 악정이 아니라 시민을 대변해 정의와 공공선을 구현하려는 정부를 이루었다고 보는 것은 공통적이다.

좋은 정치가 펼쳐질 때 도시에서 모두 모여 춤추고 노래하는 모습, 수확하는 농민의 평온한 모습, 시장의 활기와 멀리서 오가는 상인의 모습에 담긴 생기와 온기는 수백 년이 지난 지금도 그림을 통해 생생하게 느낄 수 있다. 한편 악정을 담은 그림에서는 불안과 혼란 속 공포가 느껴진다. 탐욕, 교만, 허영을 거느린 악마의 형상을 한 폭군이 잔인, 배신, 기만, 광기, 분열, 전쟁을 낳는다. 폭군의 지배하에서 시민들은 약탈과 폭력과 끊임없는 내전 탓에 피폐해지고 폭군의 쇠사슬에 얽매인 채 살게 되는 것이다. 안정과 평화 대신 공포가 지배하는 삶이다. 폭군의 밑에 보이는 사슬에 묶인 정의는 폭정을 단적으로 나타낸다.

이렇게 선정과 악정의 모습을 당시 사회상과 연결해 보여주면서 9인회는 선정을 향한 자신들의 의지를 효과적으로 드러냈다. 이를 통해 우리는 당시의 지배적인 정치관을 확인하게 된다. 선한 지배자가 덕을 베풀며 정치할 때 좋은 국가를 만들 수 있다. 통치자가 자기만의 이익, 즉 사익이 아닌 공익을 위한 정치를 할 때 국가가 안정되고 번영할 수 있다. 군주가 귀감을 보여야 국가가 발전할 수 있다. 즉 도덕주의 정치가 당시에 지배적이었다. 공화정이건 군주정이건 통치자는 덕에 기초한 정치를 펼쳐야 하는 것이다. 그런데 마키아

<선정과 악정〉 중 악정을 비유한 그림

악정을 펼치는 군주를 뿔이 난 악마로 묘사하고 정의는 사슬에 묶인 모습으로 두었다. 이런 도덕주의 정치가 당시에 지배적이었는데, 마키아벨리는 좋은 의도가 반드시 좋은 결과로 이어지는 것은 아니라고 보았다. 당위만을 강조하지 않은 데 그의 근대성이 있다.

벨리는 다른 태도를 보인다. 앞에서도 말했듯이 도덕이 현실에서 뜻하지 않은 결과를 가져올 수 있다고 주장한다. 선덕이 안 좋은 결과를 가져올 수도 있기 때문에 도덕주의 정치만으로는 부족하다는 것이다. 마키아벨리의 근대성은 바로 이렇게 도덕주의 정치를 부정하는 데서 출발한다.

우리나라 지도자들이 흔히 (자신의) '의도는 선했지만 결과가 나빠 유감'이라고 말하는 것이 떠오르는데, 마키아벨리라면 이에 대해 너무 순진하다고 지적할 것 같다. 정치인의 자질은, 베버의 표현으로 '신념 윤리'와 '책임 윤리'에 대한 인식에서 출발한다. 다시 말해, 정치인이라면 자기 신념이 있어야 한다. 예컨대 어떻게 잘사는 국가를 만들지에 대한 신념이 있어야 한다. 하지만 정치의 결과가 많은 이들의 생명까지 좌지우지할 수 있다는 사실을 고려하면 신념만으로는 충분하지 않다. 결과에 대한 책임 의식이 있어야 한다. 책임질 생각을 못 하는 정치인은 애초에 정치를 하면 안 되는 것이다. 이런 점에서 마키아벨리는 도덕주의적 사고, 즉 좋은 의도만으로 모든 것을 설명하고 용서받으려는 단순한 사고를 비판한다. 정치는 우리 모두의 일이며 관계 속에서 변화무쌍하기 때문이다.

9인회의 방을 나가기 전에 벽화 밑에 그려진 조그만 그림들과 그 밑에 적힌 단어들이 눈에 들어왔다. 철학Philosophia, 점성학Astrologia, 기하학Geometria, 문법Gramatica, 변증법Dialectica을 뜻하는 것들이다. 이는 중세 대학의 일곱 가지 자유 과목에 속하는 것으로, 현대 대학 교양 학제의 근간이 되었다.

중세 서양의 자유학은 보통 일곱 과목인데, 이것은 다시 두 가지 영역으로 나뉜다. 하나는 문법·시학·논리학 등 주로 언어와 관련된 3과, 다른 하나는 산술·기하·천문점성학·음악 등 4과로 수학과 관련된다. 중세 대학의 교과과정은 기초에 해당하는 자유 과목을 배운 뒤에 직업과 관련된 실용적인 학문으로서 의학, 신학, 법학을 배우는 식이었다. 그리고 학문 이름에 '자유'가 붙은 것은 노예가 아닌 자유 시민이 생계와 상관없이 말과 수에 대해 배웠기 때문이다. 정치에 참여하며 공공선에 대해 논의하고 중지를 모아내는 기술 또는 예술로서 '교양'을 배운 것이다. 9인회의 방에서 흔적이 없어진 그림 중에는 수사학도 있었을 것이다. 앞서 살펴본 것처럼 르네상스 시기에 수사학의 발전은 중요한 의미가 있다. 논리학과 관련되어 일반적인 사실이나 원리를 전제로 하며 사유를 중시하는 문법과 달리, 수사학은 설득과 대화의 기술을 중시한다. 연설자와 청중처럼 상대를 전제하며 호응을 중시하는 것이다. 이런 의미에서 중세에 신의 말씀과 그에 대한 논리적 귀결로서 진리를 탐구하는 문법이 강조되었다면, 시민이 정치의 중심에 선 르네상스 시기에는 수사학이 강조되었다. 일방적인 지시나 진리에 대한 해석보다는 공감과 설득이 중요해졌다. 시대의 무게중심이 신에서 시민으로 이동한 것이다.

건국의 정치와 치국의 정치

공화제에서 군주제로 이행해가는 르네상스 피렌체를 대표하는 인물이 마키아벨리다. 공화제는 시민들이, 군주제는 개인이 지배하는 체제다. 르네상스 문화는 시민들의 활력과 그 속에서 두각을 드러낸 뛰어난 개인, 즉 천재들이 만들어낸 인류의 보고다. 시민들의 활력이 깨끗한 물이라면 각 개인은 그 속에서 자유롭게 헤엄치며 자신의 천재성을 발휘하는 건강한 물고기다. 물고기는 물이 없으면 살 수 없다. 오염된 물속에서도 살 수 없다. 건전한 시민들의 활기찬 문화가 필요한 이유다. 르네상스를 천재들의 시기로만 판단하는 것은 잘못이다. 그들에게 영감을 주고, 삶의 터전을 제공한 자유로운 시민 문화가 없이는 천재들이 나올 수 없기 때문이다.

마키아벨리는 시민 문화의 힘을 누구보다 잘 알고 있었기 때문에 공화제를 옹호했다. 시민들이 정치에 참여해 자기 목소리를 내며 자유롭고 공정한 법이 지배하는 나라가 좋다고 보았다. 그런데 여기서 좋다는 것은 '힘의 관점'에 기초한다. 그는 옳고 그름의 문제를 윤리나 도덕이 아닌 정치의 관점에서 먼저 생각했다. 즉 옳은 정치가 좋은 것은 그것이 선하기 때문이 아니라, 그것이 힘을 가져오기 때문이다. 이런 관점은 그의 삶과 그가 살던 시대를 살펴보면 이해할 수 있다. 그는 위기의 시대에 나랏일을 보던 사람이다. 더구나 약소국의 외교와 국방 업무를 맡았다. 힘이 없는 나라의 설움을 누구보다 잘 알고 있었다. 힘이 없으면 도덕도 무용지물이라는 것을 냉혹한 현실 속에서 뼈저리게 느꼈다. 그의 관심사는 오로지 부국강병에 있었다고 해도 과언이 아니다.

그래서 우리는 마키아벨리가 언뜻 보기에 모순 같은 『군주론』과 『로마사 논고』를 쓴 이유도 이해할 수 있다. 『군주론』은 메디치가의 군주에게 나라 잘 다스리는 방법을 알려준 책이고, 『로마사 논고』는 피렌체의 젊은 귀족 자제들에게 로마공화국이라는 모범을 통해 피렌체 정치의 발전 방안을 제시하는 책이다. 피렌체의 힘을 강화할 방법을 담았다는 점은 공통적인데, 『군주론』은 군주 개인에게 초점을 맞추고 『로마사 논고』는 시민들에게 초점을 맞췄다. 그는 모든 경우에 적용되는 한 가지 답만 있다고 주장하지 않는다. 상황에 맞는 방법이 따로 있다. 『군주론』에서는 상황을 강조하는 현실주의를 주장했다. 세상에 선한 사람들만 있지는 않기 때문에 악한 사람들 사이에서 나라를 유지하고 싶은 사람은 때에 따라 악해지는 법을 배워야 한다고 말했다. 때와 장소에 따라 맞는 방법을 써야 한다는 것이다. 이를 건국建國과 치국治國이라는 상황에 따라 설명할 수도 있다. 건국하는 시기에는 무질서를 제어하고 질서를 도입하기 위해 여러 난관을 돌파해야 한다. 사자와 여우의 방법이 모두 필요할 수 있다. 힘으로 제압할 때는 사자처럼 용맹하고 단호하게 행동해야 한다. 그러나 힘이 부칠 때는 속임수도 필요하다. 그런데 질서가 수립되고 일상적으로 통치해야 할 치국의 시기에는 평화로운 방법을 써야 한다. 건국기에는 때로 폭력이 필요하지만, 치국기에는 대화와 설득이 주로 사용된다. 이에 대해 그는 『군주론』 19장의 끝부분에서 로마 황제들을 예로 들어 설명한다.

자신의 국가를 세우기 위해서 필요한 조치를 취할 때는 세베루스를 모방해야 할 것이고, 이미 국가를 확립하고 강고하게 한 뒤 권력을 유지하기 위해 적합하고 영광스러운 조치를 취할 때는 아우렐리우스를 모방해야 할 것입니다.

세베루스는 자신의 힘이 약할 때는 권모술수를 사용했지만 힘을 갖추자 무력을 과감히 사용했다. 여우와 사자의 방법으로 권력을 손에 넣었다. 반면에, 아우렐리우스는 현명하고 온화한 철학자였다.

이렇게 볼 때 『군주론』은 위기와 혼란의 시기를 극복하고 질서를 갖춘 나라를 만들어야 하는 건국기의 지도자에게 바쳐진 것이다. 건국기의 지도자에게는 크게 두 가지 과업이 있다. 하나는 위기를 극복하는 것이고, 다른 하나는 안정된 나라의 초석을 놓는 것이다.

위기는 흔히 대외적 요소와 대내적 요소의 결합으로 나타난다. 가장 큰 대외적 위기로 꼽을 수 있는 외세의 침략은, 내부의 분열로 외세를 끌어들이거나 힘이 없어 얕잡아 보이는 데서 비롯한다. 외세의 침략에 대처할 때는 자국의 힘을 정확히 아는 것이 중요하다. 군사력에 따라 전술이 달라지기 때문이다. 군사력이 없다면 동맹국의 힘을 빌리든지 조약이나 금전 등을 통해 적을 회유해야 할 것이다. 위기만큼 지도자의 역량이 필요한 때는 없다. 대내적 불안과 분열의 요소를 제어할 때 필요에 따라 강권을 써야 할 수도 있다. 촌각을 다투는 결정을 내릴 때 갑론을박으로 시간을 허비할 수는 없기 때문이다. 역시 지도자의 역량이 중요하다. 마키아벨리가 『군주론』에서 지도자에게 요구하는 강력한 카리스마나 리더십은 바로 위기 극복의 열쇠다.

그런데 그가 지도자 개인의 뛰어난 역량만 강조하지는 않는다. 그것을 통해 이루어야 할 것이 더 중요하다고 보기 때문이다. 바로

세베루스(왼쪽)와 아우렐리우스

정치적 현실주의를 역설한 마키아벨리가 로마 황제 두 명, 아우렐리우스(121~180)와 세베루스(146~211)를 모범으로 들었다. 아우렐리우스는 5현제, 즉 로마의 전성기를 이루어 유능하다고 평가받는 다섯 황제 가운데 한 명이고 세베루스는 군인들의 추대로 황제 자리에 올라 군사적인 면에서 강력한 로마를 만들었다.

제도의 개혁이다. 혼란과 위기를 불러온 부실한 제도를 개혁하고 새로운 제도를 만들어내는 것이 안정된 나라의 초석이다.

> 앞에서 말한 이탈리아인들 중 어느 누구도 영광스러운 전하의 가문이 성취할 것으로 기대되는 바를 성취할 수 없었다든지, 이탈리아에서 일어난 모든 격변이나 전투에서 이탈리아인들의 군사적 용맹이 더는 존재하지 않는 듯 보인다든지 하는 것이 놀랍지는 않습니다.
>
> 그것은 우리의 옛 제도가 부실한 데다 어느 누구도 새로운 제도를 고안하는 법을 알지 못했기 때문입니다. 새로운 군주에게 새로운 법률과 제도를 창안하는 것처럼 커다란 명예를 가져오는 일은 없습니다.

위의 『군주론』 26장에서 말한 새로운 제도의 핵심은 법과 자국군이다. 이는 귀족과 인민의 관계를 조율하는 것과 관련된다. 법은 약자에 대한 강자의 억압을 제어하고, 자유롭고 평등한 관계를 확립하는 데 목표를 둔다. 마키아벨리는 『군주론』에서 귀족과 인민의 관계를 끊임없이 언급하면서 인민을 귀족으로부터 보호해야 한다고 강조한다. 그리고 같은 맥락에서 법 제도를 강조한다. 19장에서 프랑스의 고등법원을 말한 것은 그곳이 제3의 공적 기관으로서 귀족을 제어하고 인민을 보호했기 때문이다. 한 나라가 강해지려면 그 안에서 다수를 이루며 자유롭게 살기를 바라는 인민에 기초해야 한다. 그리고 인민들로 군대를 구성해 용맹하게 싸우도록 훈련한다.

인민의 지지와 자국군이라는 초석을 튼튼히 쌓은 국가는 내부의 통합 덕에 외세의 침입에도 흔들리지 않을 만큼 강해지는 것이다.

그런데 건국기의 위기를 해결하고 나라의 기초를 놓는 작업은 혼란에서 질서를 세우는 과정이기 때문에 법 제도보다는 한 지도자의 능력에 의존하기가 쉽다. 그렇다고 개인의 카리스마나 지도력이 아무렇게나 행사되어야 한다는 것은 아니다. 왜냐하면 군주 또는 지도자의 능력은 인민의 지지가 뒷받침할 때 배가되기 때문이다. 여기에는 해결과 지속의 의미가 있다. 위기는 즉각적으로 해결되지 않는다. 눈앞의 문제가 해결된다고 위기가 없어진 것은 아니다. 마치 화재에 불을 끄는 것이 불길을 잡는 데서 그치지 않고 불씨까지 완전히 없애야 하는 것과 같다. 지도자의 뛰어난 역량으로 위기를 해결하고 나서 재발을 막기 위해 제도적 대책을 마련해야 한다. 개인의 역량은 지속적이지 않으며 신체적 상태와 함께 부침을 겪기 때문이다. 따라서 『군주론』의 신군주는 자신의 한계를 인정해야 한다. 위기 해결과 제도 개혁이라는 과업을 수행한 뒤 더는 권력을 탐하면 안 된다. 권력을 탐했다가는 제도의 개혁이 물거품이 되고, 위기가 다시 올 것이다.

『로마사 논고』 1권 9장은 군주 또는 1인 지도자의 필요성을 이야기한다. 질서를 세울 때에 해당한다. 무질서에서 질서를 세우려면 강력한 권한의 집중이 필요하다. 하지만 질서를 세우고 나서 그것을 유지하려면 한 사람의 능력보다는 많은 사람의 참여가 더 적합하다고 말한다. 마키아벨리는 특히 세습군주를 강력히 비판한다. 뛰어난 건국자의 역량이 세습되지는 않기 때문이다. 역량이 아닌 권력의 세습은 군주를 타락시켜 폭정을 불러오기 마련이다.

더욱이 건국자는 사려 깊고 덕 있는 인물이어야 한다. 따라서 자기가 장악한 권한을 다른 사람에게 유산으로 주면 안 된다. 인간은 선보다는 악에 기울기 십상이므로, 건국자가 고귀한 목적에 따라 사용한 것을 그 후계자는 자기 야심을 채우는 데 사용할지도 모르기 때문이다. 게다가 건국에는 한 인물이 적합하다 해도, 일단 조직된 정부는 그것을 유지하는 부담이 한 사람만의 어깨에 지워질 경우 오래 지속될 수 없다. 정부를 많은 사람이 보살필 때, 즉 그 유지가 많은 사람의 책임이 될 때 그것이 실로 오래 지속된다. 많은 사람들은 다양한 의견 때문에 정부에 무엇이 좋은지를 이해하지 못해서 건국에는 적합하지 않지만, 그들이 일단 좋은 정부에 익숙해지면 그것을 포기하는 데는 쉽게 찬성하지 않기 때문이다.

『로마사 논고』에서도 마키아벨리는 폭력의 한시적 사용을 인정한다. 중요한 것은 바로 사익이 아닌 공공선이다. 지도자가 나라를 위해 어쩔 수 없이 비윤리적으로 행동한다면, 그것은 용납되어야 한다는 말이다. 즉 적극적인 인정이 아니라 불가피성에 대한 인정이다. 사익과 대비되는 공공선은 마키아벨리가 자유와 더불어 국가의 핵심 가치로 꼽는 것이다.

공공선은 자유와 분리해서 볼 수 없다. 자유는 지배가 없는 상태다. 형식적인 자유와 다르다. 예컨대 노예가 주인으로부터 휴가를 받아 고향에 놀러 갔다고 생각해보자. 노예가 자유로운가? 그렇지

500인이 모여서 정무를 논하던 곳이라 이런 이름이 붙었다. 피렌체공화국을 대표하는 장소답게 천장과 벽면을 가득 메운 화려한 그림들이 관람객을 압도한다. 다 빈치도 벽화를 의뢰받았지만 완성하지 못하고 피렌체를 떠났다고 한다.

않다. 주인이 부르면 언제든 달려가야 하기 때문이다. 주종 관계가 없어야 자유다. 그리고 주종 관계를 제어하려면 서로 다른 계층 간 권력관계의 균형을 잡아야 한다. 법률의 보호가 필요하다는 말이다. 계층이 세습되는 폐쇄적 신분 질서를 만들면 안 된다. 능력과 노력에 따른 계층 이동이 가능한 개방적 사회가 되어야 한다. 다만 계층에 맞는 정치적 공간과 책임과 권력을 부여해야 한다. 서양에서는 흔히 소수인 귀족에게는 국가 중대사의 논의를 맡기고, 다수인 인민에게는 그 논의 사항에 대한 결정을 맡겼다. 귀족과 인민이 서로 다른 구실을 통해 국가 통치행위에 함께 참여했다. 어느 한 사람이나 계층이 권력을 독점하는 것은 견제했다. 이렇게 견제와 균형을 유지하는 제도적 장치가 바로 법이다.

법은 공정하고 객관적이다. 자유롭고 평등한 인간 또는 시민의 관계를 규율하는 법은 자의적 지배를 막는다. 따라서 정의를 지향하는 법의 지배나 법치주의는 사람의 지배나 강권을 통한 지배를 반대한다. 문제는, 그것을 적용하는 사람이 권력관계에 따라 균형을 잃을 때 일어난다. 법과 그것을 운용하는 사람의 긴장은 동서고금에 예외가 없다. 법이 아무리 좋아도 사람이 법을 지키지 않으면 소용없다. 또한 사람이 아무리 좋아도 법이 나쁘면 사람들이 곧 타락하게 된다. 권력관계가 법 적용에 개입되는 것을 막으려면 시민들의 노력이 필요하다. 법을 개정하고 법 문화를 발달시키는 데도 시민 참여가 꼭 필요하다. 법과 시민의 긴장을 통해 공정한 법 문화와 건전한 시민 문화가 정착해야 한다. 이렇게 자유와 그것을 수호하는 법질서 속에서 공공선 이념이 탄생한다.

공公과 공共 사이에서 공공선을 보다

사전에서 공공선은 '개인을 포함하는 사회 전체 또는 온 인류를 위한 선'이나 '개인을 위한 것이 아닌 국가나 사회 또는 온 인류를 위한 선'으로 정의된다. 영어로는 '퍼블릭 인터레스트public interest'나 '코먼 굿common good'이다. 우리말에서는 '공公'과 '공共'을 붙여 '공공선'으로 쓰지만 영어에서는 '퍼블릭'과 '코먼'을 같이 쓰지 않는다. 원래 '공公'과 '공共'은 서로 구별되며 긴장 관계에 있는 개념이다. 먼저 '공평하다'는 뜻이 있는 '공公'은 옛날 촌장이 마을 가운데 자리한 정자에서 공무를 보는 모습을 나타낸 한자라고 한다. 이와 상통하는 '퍼블릭'은 어원이 공동체 구성원 전체로서 인민을 뜻하는 라틴어 '포풀루스populus'다. 한편 '함께'를 뜻하는 '공共'은 열[十] 명씩 모인 사람들이 손을 모아 드는 모습을 나타내며 '코먼'과 상통한다. 따라서 '공公'은 위에서 공동체 전체를 보는 관점, '공共'은 아래에서 공동체 전체를 보는 관점을 나타낸다. 각각 지도자의 전체적 조망에 따른 공동체의 이익과 구성원들의 합의와 소통에 기초한 공동체의 이익을 나타내는 것이다.

마키아벨리는 두 가지 '공' 개념을 다 간파하고 『군주론』에서 군주 또는 지도자의 공적인 관점을 강조한다. 그리고 '공公'과 '사私'를 구분하며 전자의 중요성을 설파한다. 교회형 군주국을 설명하는 11장에서 그가 교황 알렉산데르 6세와 율리우스 2세를 비교하는데, 두 교황 모두 전형적인 르네상스기 교황으로서 종교 활동보다는 정치 활동에 더 전념했다. 마키아벨리는 알렉산데르 6세가 교황

라파엘로 산치오, 〈교황 율리우스 2세〉 (1512)

율리우스 2세(1443~1513)는 미켈란젤로와 라파엘로 등 르네상스기 예술가를 후원한 것으로
유명하다. 특히 오늘날 인류의 보물이 된 시스티나예배당 천장화를 미켈란젤로에게 그리도록
한 사람이 바로 율리우스 2세다. 예술 후원과 교황의 권위 강화로 칭송받은 그가 교황 자리에
오르기 위해 뇌물을 썼다는 사실도 기억해야 한다.

국보다 자기 가문의 사적인 이익을 위해 일한 반면, 율리우스 2세는 교황국의 확장과 발전을 위해 힘썼다고 말한다. 사익보다 공익을 위해 일한 사람이 더 칭송받아야 하는 것은 당연하다.

권력자는 흔히 두 가지 함정에 빠질 수 있다. 첫째는 권력의 독점과 그에 따른 사사화고, 둘째는 진리의 독점이다. 권력을 잡으면 그것을 나누기 싫어지며 독점하고 싶어진다. 권력을 배타적으로 쓰면서 독점의 유혹은 더 커진다. 널리 인재를 구하기보다는 주변 사람들하고만 논의하게 되고, 이는 권력의 사사화로 이어진다. 이렇게 권력이 배타적으로 소유되고 사사화되면, 나랏일에 관한 갖가지 정보가 공개되지 않고 일부 권력층에게만 유통된다. 결국 국가 중대사에 대한 결정이 소통과 숙의 대신 소수의 밀실 논의만 거치게 된다. 이렇게 정보를 독점한 이들은 오만해져서 자신이 누구보다도 진실과 진리를 잘 안다고 생각하게 된다. 결국 소통의 부재는 권력의 독점과 사사화에 그 원인이 있는 것이다.

그런데 이런 위험성이 '공公' 개념에 잠재한다. 일반 시민의 일상적 삶과 다른 나랏일에 대한 처리는 특별한 능력과 의식을 키운다. 전체로서 국가를 바라보다 전체가 개별이나 부분보다 앞선다고 생각하게 된다. 결국 공을 위해 사를 희생해야 한다는 데 이른다. 물론 이런 희생이 때로는 애국심이고 시민의 덕성일 수 있다. 하지만 항상 공을 위해 사가 희생해야 한다는 생각은 전체주의로 흐를 수 있다. 역사에서 나치즘이나 파시즘 또는 개발독재국가에서 국가주의는 전체주의를 낳았고, 이는 개인의 자유를 억압했으며 폭력의 일상화를 가져왔다.

'공公'의 위험성을 제어하고 견제할 수 있는 것이 바로 '공共' 개념이다. 앞에서 본 것처럼 『로마사 논고』는 로마공화국의 정치체제가 공동체 구성 세력의 참여 속에서 완성된다고 설명한다. 공화국이라는 전체도 중요하지만, 그것을 이룩하고 유지할 수 있었던 것은 바로 공동체를 구성한 부분들의 합의 때문이다. 물론 국가의 위기 앞에서는 전체를 위한 개인의 희생도 있었다. 개인들의 자발적 합의와 의지가 있어서 가능했을 일이다. 다시 말해, 부분들의 합의가 없다면 국가를 위해 희생할 준비가 되어 있을 수 없다. 이런 경우는 곧 전체로서 국가의 몰락을 뜻한다. 바로 이런 맥락에서 마키아벨리는 공화국이 권력 독점과 사사화를 제어해야 한다고 했다. 개인이나 일부 계층의 독점은 국가 구성의 핵심 가치 중 하나인 공공선을 저해하기 때문이다.

　마키아벨리는 이렇게 공公과 공共이 조화를 이룰 때 비로소 올바른 공공선이 탄생할 수 있다고 보았다. 공公은 사사화되어 억압과 배제의 정치를 낳을 위험이 있고, 공共은 전체의 관점을 간과하고 파당화로 흐를 수 있다. 사사화와 파당화는 같은 지점에서 만나게 되는데, 이는 부조화와 불균형과 불만족의 정치다. 두 가지 공, 전체와 부분의 조화를 통한 공공선 논의는 국가 존립이 달린 위기를 목도하고 국가의 역량을 극대화하려고 한 마키아벨리의 고민과 노력을 보여준다.

로마 시민에게 배우는 공공선

'시민적 덕성'은 시민 개개인이 자신의 사적인 이해관계보다 공공선을 우선시하는 것이다. 내 아이나 내 가족만 잘되는 것이 아니라 우리 아이들과 주변의 모든 가족이 다 같이 잘되기를 바란다. 내가 조금 손해를 보더라도 공동체에 이익이 돌아가면 기꺼이 감수하려는 마음가짐이다. 이런 시민적 덕성을 함양하고 실천하기가 쉽지 않다. 그러나 불가능한 일은 아니다. 이에 대해 마키아벨리는 로마를 예로 들어 설명한다.

우선 뛰어난 인물들의 모범적인 행위가 필요하다. 특히 건국기 같은 엄중한 시국에는 더욱 그렇다. 마키아벨리는 이런 주장을 뒷받침하기 위해 로마공화정 초기 브루투스를 예로 든다. 『로마사 논고』에 유명한 브루투스가 두 명 등장하는데, 한 명은 로마공화정을 건설하는 데 빛나는 공을 세운 브루투스Lucius Junius Brutus고, 다른 한 명은 카이사르를 암살한 브루투스Marcus Junius Brutus다. 두 명 모두 공화정과 관련이 있으며 전자는 공화정을 세우기 위해, 후자는 무너지는 공화정을 다시 일으키기 위해 노력했다. 특히 전자는 초기 공화정을 지키는 데 사私를 희생했다. 폭군 타르퀴니우스를 몰아내고 공화정을 세

로마공화정 건설에 이바지한 브루투스

카이사르를 암살한 브루투스

운 그는 자신의 아들들이 폭군을 지지하는 자들과 어울리며 공화정을 반대하는 움직임에 연관된 것을 알았다. 이런 상황에서 그는 자식들을 법의 처벌에 맡기고 사형이라는 벌을 받도록 둔다. 공적인 법질서를 부자지간이라는 사적 관계보다 중시한 것이다. 마키아벨리는 공화정이 바로 이런 엄격함을 통해 유지될 수 있었다고 말한다.

　한편 뛰어난 지도자로서 브루투스의 엄격한 공사 구분과 비교해볼 만한 공적인 태도를 스키피오 추방에 나선 인민들에게서 확인할 수 있다. 스키피오는 한니발에 맞선 2차포에니전쟁을 승리로 이끌어 로마의 영웅이 되었다. 그 결과, 그의 힘과 명성이 너무나 커져서 로마의 공무를 맡은 행정관들이 그를 두려워하면서 받들었다고 한다. 이에 카토는 스키피오를 탄핵한다. 카토 또한 2차포에니전쟁에서 공을 세운 정치인인데, 그가 보기에 행정관조차 두려워하는 스키피오는 공화정의 자유를 위협하는 존재였다. 그리고 로마 시민들은 카토의 편을 든다. 스키피오가 분명히 대단한 공을 세웠지만, 그보다는 공화

자크 루이 다비드, 〈브루투스 앞으로 자식들의 유해를 옮겨오는 호위병들〉(1789)

국의 자유가 더 중요했기 때문이다. 이는 타락하지 않은 인민의 예다.

마키아벨리는 『로마사 논고』 1권 17~18장에서 로마 인민들이 타락하지 않았을 때와 타락했을 때 모습의 차이를 잘 보여준다. 로마 인민들이 공화정 초기에는 집정관을 임명할 때 그 자리에 알맞은 역량이 있는 인물을 지지했다. 하지만 포에니전쟁의 승리로 지중해 주변의 패권을 장악한 뒤 더는 경쟁자가 없어서 그들이 타락했을 때는 역량보다 자신들을 얼마나 기쁘게 해주는가를 판단의 기준으로 삼아 집정관을 임명했다. 인기가 많은가에서 더 나아가 권세가 큰 사람들을 임명했다. 결국 능력이 있고 선량한 사람은 관직을 맡을 기회를 잃어버린다. 타락한 인민들이 공화국보다는 자신의 이익을 먼저 생각한 것이다.

카이사르를 암살한 브루투스는 시민들의 지지를 구하기 위해 광장에서 '자유'를 외쳤다. 하지만 정작 시민들은 그를 체포하려고 했다. 그들은 자신들의 호감을 사는 한편 공화정을 몰락으로 이끈 카이사르를 지지하면서 공화국의 자유를 외면한 것이다.

빈센조 카무치니, 〈율리우스 카이사르의 죽음〉(1806)

무력해진 국가도 살려내는 비르투

공공선의 부재와 정치의 사사화는 공적 질서의 몰락으로 귀결된다는 것을 알았다. 공적 질서가 무너질 때 국가는 활력을 잃는다. 국가의 위기와 활력의 부재는 어느 것이 먼저라고 할 것 없이 항상 같이 온다. 마키아벨리의 저술을 관통하는 주요 문제의식이 바로 국가의 존립이다. 그는 국가의 존립이 위태로운 상황에 놓인 이유를 국가의 허약함, 즉 활력의 부재에서 찾았다.

앞에서 로마의 힘을 나타내는 라틴어 비르투스에 대해 알아봤는데, 이에 해당하는 이탈리아어 비르투는 마키아벨리가 제시하는 핵심 개념이다. 비르투가 용맹과 불굴의 투지 같은 정신적 능력뿐만 아니라 신체적 능력과 도덕적 탁월성까지 포함하는 만큼 우리말의 힘, 역량, 활력, 덕성 등 여러 단어로 옮길 수 있다. 국가 전체 차원에서 비르투는 귀족과 인민 간 긴장과 이에 따른 역동성으로 유지된다. 고대로부터 이어져온 전통적 정체론政體論이 구성원 간의 조화와 평화를 중시한다면, 활력을 중심에 두는 마키아벨리의 정체론은 공동체 구성원 간의 긴장 속 균형에 초점을 맞춘다.

르네상스 시기에는 비르투가 의학 용어이기도 했다. 인간의 몸을 비롯한 생명체에 생기를 불어넣는 힘이라는 뜻으로 쓰인 것이다. 국가를 인간의 몸에 비유해서 살펴보는 것은 서양 정치사상사의 오랜 전통이다. 마키아벨리는 이 비유를 특히 많이 사용한다. 그가 『군주론』 3장에서 로마인들의 선견지명이 돋보이는 정치를 칭송하면서 의술에 비유한다.

의사들이 소모성 열병에 대해서 말하는 바는 이 경우에 적용됩니다. 즉 질병의 초기에는 치료하기는 쉬우나 진단하기가 어려운 데 반해, 초기에 발견해 적절히 치료하지 않으면 시간이 흐름에 따라 진단하기는 쉬우나 치료하기는 어려워집니다. 국가를 통치하는 일도 마찬가지입니다. 왜냐하면 (현명하고 장기적인 안목을 가진 사람에게만 가능한 일이지만) 정치적 문제를 일찍이 인지하면 문제가 신속히 해결될 수 있기 때문입니다. 그러나 인식하지 못하고 사태가 악화되어 모든 사람이 알아차릴 정도가 되면 어떤 해결책도 소용없게 됩니다.

몸의 활력으로서 비르투가 국가라는 몸체의 활력으로 나타난다. 물론 이때 국가는 다양한 구성원들의 복합체로 이해된다. 앞에서 여러 차례 말했듯이 귀족과 인민의 관계가 정치의 핵심인 것은 귀족과 인민이 국가라는 몸의 주요 구성 요소이기 때문이다.

마키아벨리는 책에서 귀족과 인민을 '우모리umori'라는 말로 표현한다. 예컨대 『군주론』 9장 중 "모든 도시에는 인민과 귀족 등 두 계급이 있다"는 대목에서 계급이 우모리를 의역한 말이다. 우모리는 원래 고대 의학의 4체액설에서 나온 말이다. 4체액설은 혈액, 점액, 흑담즙, 황담즙 등 네 가지 체액의 구성에 따라 사람의 성격이 결정되며 몸의 건강 여부도 이것의 조화와 균형 상태에 의존한다고 본다. 4체액이 조화와 균형을 이루면 건강 상태가 지속되지만, 불균형은 병으로 이어진다는 것이다. 마키아벨리는 귀족과 인민이 국가의 체액이라고 보았다. 국가는 이들의 관계 속에서 구성될 수밖에 없다. 『군주론』 9장에 귀족과 인민의 관계에 따른 국가의 세 가지 형태가 제시된다.

> 도시에 존재하는 상이한 이 두 가지 기질로부터 세 가지 결과가 초래될 수 있는데, 군주정과 공화정과 무정부 상태가 그것입니다.

군주정은 인용문에서 두 가지 기질로 표현된 귀족과 인민의 갈등과 대립 속에서 한쪽의 지지를 받는 사람이 지배할 때, 공화정은 귀족과 인민의 힘이 균형을 이룰 때, 무정부 상태는 귀족과 인민의 갈등이 내전으로 번질 때 나타난다.

마키아벨리는 인민과 귀족의 갈등과 불화가 모든 정치체제에 내재한다고 보고, 갈등과 불화를 건설적으로 다루며 국가의 활력을 유지하는 방법에 주목한다. 어느 한쪽의 일방적 승리를 통한 지배는 나태를 낳고 부패로 이어지기 때문이다. 생선을 잡아 멀리까지 운송해야 할 때, 가장 신선하게 생선을 유지하는 방법은 그 생선의 천적을 수조에 함께 넣는 것이다. 이렇게 하면 생선이 긴장을 풀지 못해서 싱싱하게 유지될 수 있다. 국가도 내부의 갈등 관리를 잘 하면 부패를 막고 건강성을 유지할 수 있다. 견제와 균형 속에서 권력이 적절하게 분산되고 그것이 자유로운 공적 질서를 만들어나갈 때, 공동체의 구성원들은 자신의 능력을 계발하고 사회에 참여해 인정받으려고 한다. 능력 있는 개인이 알맞은 자리에서 역량을 발휘할 때 그 개인과 함께 사회가 발전한다는 것은 두말할 나위가 없다.

이렇게 마키아벨리는 나라의 힘을 활력, 비르투에 기초해서 보았

SPQR

SPQR은 '로마의 원로원과 인민'을 뜻하는 라틴어 Senatus Populusque Romanus의 약자로, 고대 로마의 공화정 정부를 가리키는 말이었다. 이렇게 로마공화정이 귀족과 인민을 어울렀다는 점을 마키아벨리가 높이 샀다.

다. 활력은 급변하고 예측할 수 없는 세계에 능수능란하게 대처할 유연성을 키워준다. 이에 대해서는 그가 『로마사 논고』에 소개한 예를 통해 잘 알 수 있다. 로마공화국에는 다양한 능력을 가진 자들을 저마다 알맞은 자리에 배치하는 건강함이 있었다. 그래서 세찬 기세로 돌진하는 한니발의 공격을 막아낼 때는 파비우스가 나서고, 방어가 아니라 결정적인 공격이 필요할 때는 파비우스 대신 스키피오가 나설 수 있었다. 상황에 따라 다른 행동이 필요하고, 그것에 알맞은 인물이 따로 있다는 것을 로마공화국은 알았으며 아는 것을 실행으로 옮길 수 있었다.

변화하는 상황에 대처하는 유연성이라는 힘이 바로 부패하지 않은 공화국에서 나왔다. 파당 싸움 속에 능력과 상관없이 자기편만 등용하는 사회의 시민들은 능력 계발을 소홀히 하고, 공동체에 적극적으로 복무하거나 희생하려고 하지 않을 것이다. 당연히 사회의 활력은 말라 없어진다. 그래서 사람 수나 좋은 무기보다 공동체 구성원들의 활력이 더 중요하다.

결국 사람이 자원이다. 공동체 구성원들이 자유로운 상황 속에서 저마다 능력을 키우고 공동체의 주인으로 참여해야 한다. 그래야 서로 신뢰할 수 있다. 공동체 구성원들이 공존하며 상생을 꾀하는 나라가 강한 나라다. 이것이 마키아벨리의 국가관이다.

사실 올바른 국가에 대한 생각은 동서고금에 차이가 없다. 고대 중국에서 공자는 무신불립無信不立을 이야기했다. 제자 자공이 정치에 대해 물었을 때 공자가 식량과 군대와 믿음이 국가가 존립하는 데 가장 중요한 것들이라고 답했다. 그중 가장 중요한 것이 무엇이

한니발(왼쪽) 대 스키피오

포에니전쟁에서 맞선 한니발(기원전 247~기원전 183?)과 스키피오(기원전 236~기원전 184). 인류사상 최고의 명장으로 꼽히는 두 사람의 대결에서 최종 승자는 스키피오다. 그는 열두 살 많은 위대한 적장 한니발을 보고 배위 한니발을 이겼다고 평가받는다.

냐는 물음에 공자는 꼭 버려야 한다면 군대와 식량을 버리라고 했다. 가장 중요한 것은 백성들의 믿음이기 때문이다. 믿음에도 여러 가지가 있을 것이다. 백성과 정부 또는 위정자 사이의 믿음도 중요하다. 하지만 그보다 더 중요한 것은 바로 백성들 사이의 믿음이다. 시민들 간의 믿음이나 연대가 사라지면 국가는 모래 위에 지은 집과 같은 처지에 빠져버린다.

결국 마키아벨리가 바라본 피렌체의 문제는 국가의 총체적 부실에 있었다. 그 부실의 핵심 원인은 국가 공동체를 구성한 시민들이 무력해진 데 있다. 그리고 시민들이 무력해진 것은 소수 귀족들이 권력을 독점하고 공권력과 국가기관을 사사화했기 때문이다. 마키아벨리가 피렌체의 고질병으로 지적한 분열과 대립은 시민의 연대와 유대를 사라지게 했다. 국가가 나를 보호해주지 않고, 내가 노력하면 성공할 수 있다는 믿음을 주지 않을 때 국가에 대한 믿음도 사라졌다. 자유로운 삶에 대한 시민들의 희망이 사라지면 국가의 활력도 없어진다. 활력이 없어지는 것은 마키아벨리가 진심으로 걱정하며 올바른 정치를 통해 극복하려고 한 난관이다.

마키아벨리와 공화주의

공화주의의 이상은 시민들 간의 자유와 평등이다. 따라서 법의 지배하에 주종 관계가 부재하는 상황을 지향한다. 이런 이상을 실현하기 위해서는 국가 공동체 구성원 간의 견제와 균형, 권력 분산이 필요하다. 아울러, 공화주의의 자유와 평등과 법치를 유지하는 데는 시민들의 적극적인 정치 참여가 중요하다. 따라서 공공선에 복무하는 시민적 덕성을 강조할 수밖에 없다. 시민적 덕성을 갖춘 사람들의 연대는 자유가 방종으로 변질되는 것을 막고, 부패의 씨앗이 사회에 스며들고 퍼지는 것을 막는 감시자 구실을 한다. 결국 법의 지배를 공고히 하는 것은 시민의 힘이다.

서양 정치사상사의 공화주의는 아리스토텔레스로부터 시작된다. 그가 공화주의의 핵심적인 문제의식, 즉 어느 한 계층의 독점적 지배가 아닌 혼합정을 통한 다양한 계층의 참여와 권력의 균형이 중요하다는 것을 설파했기 때문이다.

아리스토텔레스가 보기에 아테네가 스파르타와 맞선 펠로폰네소스전쟁에서 패배하고 몰락한 것은 극단적 민주주의의 때문이었다. 아테네 민주주의는 온건 민주주의에서 극단적 민주주의로 변화를 겪었다. 가난한 자와 부유한 자의 극심한 대립 속에서 아테네가 혼란에 빠지자 솔론과 클레이스테네스 같은 정치인들이 가난한 사람들을 보호하고 그들을 시민으로서 공동체에 결합시키는 민주적 개혁을 추진했다. 그런데 아테네가 페르시아와 전쟁을 치르면서 해상 제국으로 발전하자, 그 전에 시민권을 갖지 못하던 하층민이 수병으로서 시민층에 편입되었다. 그리고 이들이 민회에서 주도권을 잡으면서 민주주의가 급진화되었다. 전쟁을 통해 얻은 이익으로 생활한 이들이 이익집단을 형성했기 때문이다. 이들은 자신들만의 이익을 위해 민회를 조정하고 아테네 정치를 호전적인 방향으로 이끌어

아리스토텔레스

폴리비오스

스파르타와 벌인 전쟁에서 패하는 결과를 낳았다. 이런 일을 겪으면서 '데모스demos', 즉 다수가 지배한다는 뜻의 민주정에 대한 부정적 인식이 생겼다. 그래서 아리스토텔레스가 어느 한쪽의 이익에 치우치는 경향을 제어하는 정치체제로 혼합정을 구상한 것이다.

한편 그리스와 로마 사이에 가교를 놓은 폴리비오스는 이런 혼합정에 관한 논의를 통해 로마의 번성을 분석했다. 그는 집정관, 원로원, 민회 등 서로 다른 제도와 기관이 견제와 균형을 통해 권력 독점을 막아내고 내부의 힘을 응집할 수 있었다고 보았다. 그리고 이 혼합정론이 키케로에게 이어져 로마공화정을 분석하는 핵심 도구가 되었다. 전쟁에 패한 나라의 인질로 로마에 끌려간 그리스인 폴리비오스에게 혼합정론이 로마의 힘이 어디에 기원을 두는지 이해하는 열쇠였다면, 로마인 키케로는 혼합정론으로 자국 정치체제의 근본을 밝히는 데 목표를 두었다. 혼합정은 공동의 이익과 정의를 담보하기에 가장 좋은 정체였다. 정치에서 어느 한쪽이 아닌 공동을 맨 앞에 두었고, 이것은 '지배'에 대한 공화의 승리를 의미했다.

르네상스기 이탈리아의 도시국가에서는 고대 혼합정론이 부활하면서 시민, 특히 인민에 중심을 둔 공화주의 개념이 태동하게 된다. 마키아벨리는 당시 피렌체의 무력함을 겪으면서 귀족보다 인민을 강조한다. 고대 로마공화국을 인민 중심으로 파악하고, 그들의 역량을 정치에 활용할 수 있는 공화정이 유일한 대안이라는 점을 설득력 있게 밝혀낸다.

공화주의 논의의 핵심은 공동체가 다양한 계층으로 구성되는 만큼 그들을 두루 만족시킬 만한 정치를 실현해야 한다는 것이다. 이것이 모두를 획일적으로 똑같이 대한다는 뜻은 아니다. 계층이 다르고 사람이 다른 만큼 서로 다르게 대해야 한다. 흔히 하는 말처럼 차이를 인정하되 차별하지 않는 것이다. 그리고 이것은 자유와 평등을 중시하는 법이 지배하는 공적 질서 속에서 가능하다. 이런 환경을 마련해야 각 개인이 자신의 역량과 활력을 공동체 곳곳에서 마음껏 펼칠 수 있다.

어느 한쪽에 더 많은 힘을 실어주는 차별은 지배를 낳고, 지배는 권력의 독점으로 이어지기 마련이다. 권력의 독점은 멀리 볼 때 공동체의 혼란과 몰락을 의미한다. 이를 막기 위해서는 견제와 균형이 필요한데, 이 또한 산술적 균형은 아니다. 계층 간 힘의 관계를 정확하게 파악하고 무게중심을 찾는 것이다. 마키아벨리가 고전 연구와 정무 경험을 통해 찾은 무게중심은 바로 인민이다.

마키아벨리는 아리스토텔레스, 폴리비오스, 키케로를 통해 전해 내려온 공화주의를 수용하고 발전시켰다. 귀족과 인민의 정치 참여와 견제를 통해 공공선을 추구하는 법 제도 및 공동체의 수립은 혼합정의 이념을 따른다. 하지만 한발 더 나아가 귀족과 인민의 갈등을 적극적으로 해석하며 인민의 기능에 초점을 맞췄다.

위기 속에서 국가의 미래를 고민한 마키아벨리는 고대의 목적론적이고 윤리적인 공화주의관을 극복하고 현실주의적 공화주의관을 발전시켰다. 그가 저작에서 보인 가식 없는 서술 때문에 갖가지 오해가 난무하지만, 그는 분명히 시민의 덕성에 기초해 당대 이탈리아의 요구에 부합하는 정치철학과 방법론을 제시하며 서양 공화주의 역사에 한 획을 그었다. 그의 공화주의는 현대의 공화주의자들에게까지 지대한 영향을 미치면서, 자유주의의 한계를 극복하고 공공선과 시민적 덕성의 중요성을 재인식하는 데 이바지하고 있다.

키케로

영혼보다 조국을 더 사랑하다

마키아벨리의 유산

마키아벨리의 마지막 소망

마키아벨리가 공직에서 물러난 이듬해인 1513년에 친구 베토리에게 보낸 편지에서 자신은 비단이나 모직은 물론이고 손익계산법도 제대로 알지 못하고 오로지 국가에 관한 것만 머릿속에 있는 사람이라고 말한다. 그가 자신의 의지와 상관없이 물러날 수밖에 없었던 공직으로 얼마나 돌아가고 싶어 했는지 짐작할 만한 대목이다. 그는 머릿속에 있는 지식과 가슴에 품은 뜻을 정리한 책을 펴내 자신의 가치를 알리고 싶어 했다. 앞에서 본 것처럼 그가 『군주론』을 집필한다는 근황을 편지로 베토리에게 알렸고, 베토리는 친구가 다시 인정받고 일할 수 있기를 바라면서 메디치가에 『군주론』을 추천했다.

마키아벨리는 『군주론』뿐만 아니라 『로마사 논고』 『전술론』 『피렌체사』에서도 피렌체를 비롯한 이탈리아의 정치를 이야기한다. 왜 강대국들의 침략 앞에 속수무책으로 당할 수밖에 없었는지, 그

런 무력함을 극복할 방법이 무엇인지에 대한 진단과 대안 제시가
이 책들의 일관된 주제다.

하지만 마키아벨리의 책들에 담긴 소망, 즉 피렌체를 위해 다시
일할 기회는 끝내 그에게 주어지지 않았다. 군주적 지위를 누리는 메
디치가 사람들이 공화정을 위해 일한 마키아벨리를 신뢰할 리 없는
데다 그가 소데리니의 측근으로 활동했다는 것이 당연히 부정적 영
향을 미쳤다. 또한 마키아벨리가 주도한 민병대의 창설은 인민을 불
신한 귀족들의 반대가 컸던 일이다. 그래도 지성이면 감천이었는지,
1520년에 줄리오 데 메디치 추기경이 마키아벨리에게 『피렌체사』
의 집필을 맡긴다. 피렌체의 공직을 맡은 것은 아니지만, 사랑하는
피렌체의 역사를 쓴다는 공적인 명예를 다시 얻은 것이다. 1526년에
는 마키아벨리가 피렌체 성곽의 보수를 담당하는 직책을 맡기도 했
다. 하지만 그가 성심을 다해 훌륭하게 수행하던 외교나 국방 업무
와 성격이 다른 일을 맡은 것으로 그가 공직에 복귀했다고 보는 이
는 드물다.

마키아벨리는 메디치가의 손에 밀려난 뒤 살림이 빈궁했고, 일을
찾아야 했다. 소소한 일들이 들어왔으며 제안받은 직책도 있었다.
1520년에는 피렌체 상인들의 채권 회수를 위해 루카로 파견되기도
했다. 또 공화국 시절 상관인 소데리니가 추천한, 용병대장 콜론나
Prospero Colonna의 서기장 자리는 보수가 엄청나게 높아서 관심을 끌
기에 충분했다. 하지만 마키아벨리는 흔들리지 않았다. 그가 비난
해 마지않던 용병대장의 휘하로 들어갈 수는 없었을 것이다.

사실 소데리니가 일자리를 소개하기 전에 이미 마키아벨리는 줄

스테파노 우시, 〈서재에 있는 마키아벨리〉(1894)

베토리에게 보낸 편지에서 밝힌 것처럼, 마키아벨리는 서재에서 반드시 일상복이 아닌 관복을 입었다. 그만큼 진지하고 간절했던 그의 고민이 『군주론』『로마사 논고』『피렌체사』와 같은 저술들에 오롯이 담겼다.

베르나르드 반 오를리, 〈파비아전투〉(1528~1531)

이탈리아에서는 15세기 말부터 16세기 중엽까지 이탈리아의 도시국가들은 물론이고 서유럽
의 주요 국가들과 교황의 통치가 미치는 지역까지 얽힌 전쟁이 잦았다. 게다가 저마다 이익을
위해 싸우다 보니 동맹이 수시로 바뀌는 혼란이 있었다. 파비아전투는 이 혼란이 거의 극에
달했을 때의 일이다.

리오 데 메디치 추기경의 배려로 피렌체대학에 고용되어 있었다. 적은 보수나마 받으며 공무를 맡은 것으로,『피렌체사』집필이라는 명예로운 임무를 부여받은 상태였다. 관대하고 개방적이던 추기경을 통해 조국을 위해 일할 기회를 얻은 마키아벨리는 기뻐했을 것이다. 높은 자리나 많은 돈보다 의미 있는 일로 피렌체에 도움이 되는 것이 더 중요했기 때문이다.

이 무렵 마키아벨리는 요동치는 이탈리아의 정세를 마주했다. 1519년에 신성로마제국의 황제 막시밀리안 1세가 죽고 황위가 그의 손자 카를 5세에게 넘어간다. 카를 5세는 에스파냐와 신성로마제국의 결혼 동맹으로 태어난 인물이기 때문에, 신성로마제국과 에스파냐를 아우르는 광대한 영토를 지배하게 되었다. 카를 5세를 탄생시킨 결혼 동맹은 프랑스를 견제하기 위한 것이었으니, 카를 5세와 프랑스의 왕 프랑수아 1세의 대결은 피할 수 없는 운명이었다. 프랑수아 1세와 카를 5세의 대립은 1525년 2월에 밀라노에서 남쪽으로 30킬로미터 정도 떨어진 파비아에서 벌어진 전투로 정점에 다다랐다. 그리고 이 전투에서 프랑스가 대패했다. 그 결과, 프랑수아 1세는 1526년 1월에 마드리드조약을 체결하고, 이탈리아에 대한 권리를 포기하기로 약속했다.

이렇게 이탈리아에서 카를 5세의 힘이 우세해지자, 당시 교황이던 클레멘스 7세는 친프랑스 정책을 포기하고 카를 5세에게 우호적인 태도를 보인다. 그런데 예상하지 못한 일이 벌어진다. 프랑수아 1세가 파비아전투 패배에 따라 약속한 것을 어기고 같은 해 5월에 코냐크동맹을 맺어 카를 5세에 다시 맞선다. 코냐크동맹에는 프랑스, 잉글랜드, 피렌체, 베네치아, 밀라노 그리고 교황이 참가했다. 무엇보다 카를 5세에게 다시 등을 돌린 교황의 행보가 뜻밖이다.

마키아벨리는 교황의 이런 우유부단함이 피렌체에 위험이 될 수 있다고 보았다. 『피렌체사』를 완성한 그가 교황을 직접 만나 책을 바치고 많은 돈을 받아 딸의 결혼식 지참금으로 썼다고 한다. 그런데 그에게 더 중요한 일은 교황을 만나 당시 정세에 올바르게 대처하는 길에 대해 조언하는 것이었다. 그는 민병대를 동원해 로마냐 지역을 방어해야 한다고 보았다. 하지만 결단력이 없던 교황 클레멘스 7세는 차일피일 결단을 미루다 일을 그르쳤다. 그리고 마키아벨리가 맡게 된 일이 피렌체의 성곽 관리다.

결국 카를 5세의 군대와 코냐크동맹군의 전투가 이탈리아 북부 롬바르디아 지역에서 벌어졌고, 카를 5세의 군대가 남하하기 시작했다. 진로를 보면 피렌체를 거쳐 로마로 가려는 것이었다. 코냐크동맹을 통해 자신에게 등을 돌린 교황을 치겠다는 계획을 짐작할 수 있었다. 피렌체는 두려움에 떨기 시작했다. 막강한 군대가 다가오는 위기 상황에 믿을 데라고는 교황밖에 없었기 때문이다. 전장을 다니면서 전령 구실을 하던 마키아벨리가 1527년 4월 베토리에 보내는 편지에 유명한 말을 남긴다. "나는 내 영혼의 구원보다 조국을 더 사랑합니다." 어떤 이는 이 말에서 영혼의 구원은 가톨릭의 본산인 로마를 의미하고, 조국은 당연히 피렌체를 의미한다고 해석한다. 카를 5세의 군대가 피렌체를 침략하지 않고 로마로 향했기 때문이다. 마키아벨리가, 영혼의 구원을 담당하는 가톨릭의 본산인 로마보다는 조국 피렌체가 다른 나라 군대에게 짓밟히는 해를 입지 않아 다행

_____

요하네스 링걸바하, 〈로마의 약탈〉(1527)

무능하고 신의도 없는 교황 클레멘스 7세가 키운 참변으로, 로마가 외국군의 약탈과 강간과 살인 등 온갖 행패를 무기력하게 당했다. 이 사건으로 이탈리아 르네상스가 막을 내렸다는 평가가 있다.

이라는 마음을 표현했다는 것이다.

피렌체는 안도의 한숨을 쉬었지만, 로마는 그러지 못했다. 1527년 5월 6일, 역사상 '로마의 약탈'로 불리는 사건이 일어난다. 카를 5세가 이끄는 군대가 로마를 약탈했다. 교황 클레멘스 7세는 산탄젤로 성으로 피신해 목숨을 구하지만, 도시는 가톨릭에 적의를 품은 루터교 신자들로 구성된 군에게 파괴당한다.

교황의 무능력과 우유부단에 불만을 품은 시민들은 피렌체에도 있었다. 1527년 5월 16에는 결국 이들이 반란을 일으켜 피렌체에 공화국을 세운다. 공화국의 직위가 다시 만들어지고 공무원들이 선임되기 시작하자 마키아벨리도 예전 직위를 맡고 싶어 했다. 하지만 공화정 사람들이 보기에 마키아벨리는 메디치가 사람이었을 것이다. 피렌체공화정은 그에게 다시 일할 기회를 주지 않았다. 실망했기 때문일까? 1527년 6월 21일, 공화국이 부활되고 한 달이 조금 지났을 때 마키아벨리는 숨을 거둔다.

조금은 엉뚱하고 억울한 오해

마키아벨리는 숱한 오해를 받고 있다. 대개 오해는 마키아벨리와 마키아벨리즘을 동일시한 데서 비롯했는데, 이 둘은 엄연히 다르다. 마키아벨리즘은 유럽 역사의 부산물이다. 마키아벨리즘이 아닌 마키아벨리의 이야기부터 직접 들어보자. 물론 『군주론』에 권모술수와 비슷한 이야기가 있다. 하지만 이것이 다는 아니라는 것을 앞에서 알았다. 반드시 상황에 따른 처신이라는 단서가 붙어 있었다.

마키아벨리가 처한 상황은 크게 두 가지다. 하나는 생존이 아니면 멸망이라는 국가의 존망이 걸린 위기 상황이고, 다른 하나는 강대국과 약소국 간의 합종연횡 속에서 법과 질서가 부재하는 약육강식의 세계. 다시 말해, 마키아벨리는 풍전등화 같은 위기에 놓인 국가의 국민이었다. 프랑스와 에스파냐와 독일 같은 강대국들이 이탈리아반도로 들어와 힘없는 이탈리아의 작은 나라들을 괴롭혔다. 자국의 이익만 생각하는 각 나라 앞에서 정의나 윤리 같은 가치들이 무색해지던 시기다. 이런 상황 속에서 마키아벨리는 생존하기 위해 때로는 신의를 저버릴 수도 있다고 말했다. 언제나 신의를 무시하고 이기적으로 행동하라는 말이 아니다. 악한 사람들 사이에서 선한 사람들은 해를 입기 마련이다. 그래서 상황에 따라 선하지 않을 수 있는 법도 배워야 한다고 말한 것이다. 달리 말하면, 선한 사람들이 있는 곳에서 선하게 행동해야 한다는 뜻이다. 이렇게 몰락하지 않기 위해 상황에 맞는 행동을 주문한 마키아벨리가 언제나 수단과 방법을 가리지 않고 권모술수로 자기 이익만 추구하는 사람이 되어버렸다.

어떻게 마키아벨리가 마키아벨리즘의 전도사가 되었을까? 그 답은 유럽의 권력투쟁에 『군주론』이 이용된 탓이다. 『군주론』은 마키아벨리가 죽고 5년째인 1532년에 출간된 이래 여러 판본이 나오는 등 인기를 끈다. 하지만 반종교개혁의 열풍 속에서 내용이 반기독교적이고 악마적이라는 이유로 1559년에 교황 바오로 4세가 금서 목록에 넣는다. 그리고 영국에서는 이미 마키아벨리의 이름인 '니콜로Niccolò'의 애칭을 변형한 '올드 닉Old Nick'을 악마를 가리키는 말로 쓰고 있었다. 마키아벨리의 이름에 더 부정적인 의미를 더하는 사건의 배경은 프랑스다.

1572년 8월 24일에 프랑스 파리에서 구교인 가톨릭과 신교인 위그노의 대립으로 성 바돌로매 축일의 학살이 일어난다. 당시 가톨릭을 대표하던 프랑스 왕비 카트린 드 메디시스가 위그노를 대표하던 나바라의 왕 앙리와 자기 딸을 결혼시킨다면서 화해 분위기를 만들어 위그노교의 핵심 인물들이 결혼식 참석을 위해 파리로 모여들었다. 그런데 메디시스 왕비가 화해의 표시인 결혼 제안에 마음 놓고 모인 위그노교도를 죽인 것이다. 이 학살은 역사에서 수단과 방법을 가리지 않고 권력을 지키기 위해 신의를 저버린 대표적 예로 꼽힌다. 이 학살 뒤 위그노교도 장티에Innocent Gentillet가 『반마키아벨리Anti-Machiavel』라는 책을 쓰며 메디시스 왕비의 행위는 마키아벨리의 권모술수가 전형적으로 적용된 것이라고 비난한다. 그는 왜 메디시스 왕비를 마키아벨리와 연결했을까? 눈치 빠른 독자는 알아차렸을 것이다. 메디시스 왕비는 피렌체 출신이고, 그녀의 아버지가 바로 『군주론』을 헌정받은 로렌초 데 메디치다. 그러니 프랑스인이 보기에 마키아벨리라는 피렌체인의 반윤리적 가르침을 동향 출신인 왕비가 실천한 셈이었다.

세계사에는 이와 비슷한 일이 많다. 권력욕이 있는 사람들이 힘이 약할 때 상대방을 이기기 위해 흔히 권모술수를 쓰기 때문이다. 히틀러가 독일의 총통이 되기까지 꾸민 갖가지 일을 비롯해 유럽사의 권력투쟁 과정에 벌어진 냉혹한 행위가 마키아벨리의 이름 앞

카트린 드 메디시스

『군주론』을 헌정받은 로렌초 2세의 딸로서 프랑스 왕비가 된 카트린 드 메디시스(1519~1589)가
화해를 의미하는 정략결혼을 기회로 삼아 신교도 학살을 주도했다. 이를 통해 마키아벨리는
권모술수의 대가라는 오명을 쓴다.

에 차곡차곡 쌓여 마키아벨리즘이라는 말을 만들어냈다. 비도덕적으로 행동한 사람들은 아마 마키아벨리의 책을 읽지도 않았을 것이다. 굳이 읽고 배울 필요가 없기 때문이다. 인간의 권력욕과 그것 때문에 드러나는 야만성과 폭력성이 바로 마키아벨리즘이다.

마키아벨리가 마키아벨리즘과 동일시되면서 오해받은 데는 그 자신도 한몫했다. 바로 그가 군주주의자냐 공화주의자냐 하는 논쟁이다. 우리가 아는 것처럼 『군주론』이 마키아벨리즘을 낳았는데, 『로마사 논고』는 공화국을 옹호하는 이야기를 담고 있다. 이렇게 성격이 전혀 다른 책들을 쓴 뒤로 그는 군주주의자, 공화주의자, 기회주의자 등으로 평가받는다.

군주주의자로서 마키아벨리는 당연히 『군주론』을 중심으로 평가받는 경우다. 이런 평가는 유럽의 국가들 중 근대국가의 형성이 지체된 곳에서 주로 나타난다. 예컨대 독일의 헤겔 같은 철학자는 『군주론』에 등장하는 강력한 군주를 지지했다. 카리스마 있는 군주의 등장으로 위기를 해결하고 분열을 끝내 강한 나라를 만들고 싶어 했기 때문이다. 통일이 늦은 이탈리아에서도 이와 비슷한 해석 경향이 나타났다.

공화주의자로서 마키아벨리는 『로마사 논고』를 중심으로 해석되는 경우로 네덜란드의 스피노자, 프랑스의 루소, 영국의 해링턴 등 공화제가 발달한 서유럽 국가 사상가들이 주요 논자다. 이들은 군주국보다 공화국이 우월하다고 보며 루소는 『사회계약론』에서 마키아벨리가 시민들에게 군주제의 폐해를 알리기 위해 『군주론』을 썼다고 주장하기도 했다.

루소

사회계약론과 인민주권론을 주창해 프랑스혁명의 사상적 근거를 마련해준 루소(1712~1778)는
마키아벨리가 살던 시대와 저술을 함께 보면서 그를 공화주의자로 규정했다.

군주들은 당연히 자신에게 가장 직접적으로 이로운 원칙을 선호하게 된다. (…) 마키아벨리가 명백하게 보여준 것이 바로 이것이다. 그는 왕들에게 교훈을 주는 척하면서 큰 교훈들을 인민에게 주었다. 마키아벨리의『군주론』은 공화주의자들의 책이다.

마키아벨리를 기회주의자로 평가하는 이들은 그가 공화국을 위해 일했으면서도 메디치가가 정권을 잡자 관직에 나가기 위해『군주론』을 바쳤다고 본다. 이런 해석은 마키아벨리를 마키아벨리즘과 동일시하는 것이다. 그가 성공하기 위해 군주국인지 공화국인지는 상관없이『군주론』의 권모술수를 실천했다고 보기 때문이다.

한편에서는 이런 부정적 평가와 달리 마키아벨리를 이해하려는 노력도 있다. 국란이라는 당시 상황 속에서 정치체제가 국가의 존립보다 중요할 수는 없다며 마키아벨리를 이해하려는 것이다. 군주국이든 공화국이든 피렌체라는 나라를 유지해야 가능하기 때문이다. 이렇게 해석하는 이들은, 국가주의자로서 마키아벨리는 군주가 나라를 위해 행해야 할 정치의 기술을 전하기 위해『군주론』을 썼으며 공화주의자들을 위해서는『로마사 논고』를 썼다고 본다.

마키아벨리를 긍정적으로 평가하는 이들 중에는 상황별로 그에 맞는 정치체제가 다르다고 보는 경우가 있다. 위기를 극복하거나 국가를 세울 때는 군주제가 더 적당하다는 것이다. 군주제는 한 사람, 즉 군주가 권력을 장악하고 강력한 권한을 누린다. 큰 문제를 해결하고 건국 초기에 질서를 세우려면 전권을 행사하는 군주가 더 좋을 수도 있다. 하지만 권력이 세습되거나 집중되다 보면 군주제는 부패하기가 쉽다. 다양한 사람들의 정치 참여를 통해 힘을 모으기도 쉽지 않다. 그리고 권력을 독점한 군주는 법이 아닌 자기 생각대로 지배하기가 쉽다. 따라서 일단 국가가 질서를 잡은 뒤에는 시민들의 정치 참여가 보장되는 공화국이 군주국보다 더 좋다. 권력자의 부패를 막고 법치를 해나가는 데도 시민들의 견제가 필요하다. 이런 단계별 문제 상황과 정치체제의 장단점을 따져보고 해결책을 찾은 점에서 마키아벨리가 높이 평가받는다.

그럼 21세기 대한민국에서 마키아벨리에게 관심을 기울이고 그의 글을 읽는다는 것은 어떤 의미가 있을까? 우리는 마키아벨리를 어떻게 이해해야 할까?

"대한민국은 민주공화국이다." 우리나라 헌법은 이렇게 시작한다. 공화국을 뜻하는 영어 '리퍼블릭republic'의 어원이 '공공의 것'을 뜻하는 라틴어 '레스 푸블리카res publica'인데, '공공'에 해당하는 '푸블리카'도 앞에서 본 '인민'을 뜻하는 단어 '포풀루스'에서 왔다. 즉 공화국은 집합적 의미가 강한 개념이다. 단순히 사람들이 모인다고 해서 인민이 되고 국가가 되지는 않는다. 공동 목표와 가치 등에 대한 합의가 있어야 한다. 이에 대해 키케로가 『국가론』에서 서술한 대목을 보자.

국가는 인민의 것입니다. 인민은 어떤 식으로든 군집한 인간의 모임 전체가 아니라, 법에 대한 동의와 유익의 공유에 따라 결속한 다수의 모임입니다.

국가는 모두의 자산이다. 공화국은 지배자 개인이나 소수 지배층의 것이 아니기 때문에 공화국의 일에는 개방성, 절차성, 공공성 등이 있다. 이를 위해 다양한 계층의 사람들이 정치에 참여해 협력하며 법률이라는 공공의 원칙과 규범을 세우고 그것에 따라 국가를 운영해나간다. 이렇게 해야 자유와 평등이 실현될 수 있다. 한자어인 '공화共和'에도 이런 뜻이 담겨 있다.

기원전 9세기 초반 중국 주나라에서, 폭정을 일삼던 여왕厲王을 대신들이 몰아내고 왕이 없는 상태에서 다스리던 시기의 연호가 바로 '공화'다. 즉 군주 한 사람이 아니라 여러 대신이 화합해 다스리는 것이 '공화'다. 다수인 인민에 뿌리를 둔 서양의 '리퍼블릭'을 한자어 '공화국'으로 옮기면서 군주의 지배 대신 시민의 협력과 화합이라는 뜻을 담으려고 한 것이다.

민주주의에 기초한 국가와 사회에도 지도자는 있다. 하지만 앞에서 이끌어나가는 지도자라도 뒤에서 밀어주는 수많은 사람들에게 기대야 한다. 때로는 위기 극복을 위해 카리스마 있는 지도자가 필요하지만, 그 사람이 유일무이한 해방자나 하늘에서 내려온 구원자는 아니다. 그 사람도 자유와 평등이라는 가치를 존중하고 지킬 의무가 있다는 점에서 동등한 인민이다.

이렇게 볼 때 군주에게 그 자리에 어울리는 능력과 책임감을 요구한 마키아벨리는 분명히 공화의 가치를 알고 높이 평가했으며 지키려고 했다. 군주라고 해도 자기 마음대로 정치하는 것이 아니라 인민에 뿌리를 두고 정치해야 나라가 강해질 수 있다고 설득하는 글을 쓰기 위해 그가 유배와 같은 생활 속에서도 관복 차림으로 서재에 앉던 것을 떠올려보자. 게다가 그는 종교가 지배하던 세상에서 어느 누구보다 먼저 신의 뜻 대신 역사와 자신이 경험한 사실에 근거를 두고 바른 정치에 대한 주장을 펼쳤다. 여전히 우리에게 소중한 가치를 일찌감치 알아본 그는 지금까지 논란을 일으킬 만큼 생명력이 있다.

살아 있는 권력을 비판하다

피렌체 두오모를 바라보는 마키아벨리는 여러 가지 생각에 잠겼을 것이다. 물론 그도 영혼의 구원을 위해 미사에 참여하고 기도도 많이 드렸을 테지만, 공적인 삶에서 이탈리아와 피렌체의 상황을 생각할 때는 하늘을 향하던 고개를 내려 주변을 둘러볼 수밖에 없었을 것이다. 그는 종교가 본연의 구실에 머무르기를 바랐다. 당시 이탈리아에서는 교회의 수장인 교황과 교황청의 월권이 심했기 때문이다.

이탈리아가 통일을 이루지 못하고 사분오열된 상황에서 교황까지 자신의 종교적 권위를 이용해 프랑스 같은 외세를 끌어들이면서 이탈리아를 쑥대밭으로 만들어놓았다. 게다가 교회의 타락으로 이탈리아 사람들이 신심을 버리는 일이 많아졌다. 이탈리아의 분열과 부패를 가져온 것이 바로 교황이라는 말이다.

기독교를 날카롭게 비판하는 마키아벨리는 『로마사 논고』에서 기독교를 고대 로마의 종교와 비교한다. 그는 당시 이탈리아 사람들보다 고대 로마 사람들이 더 강인하고 자유를 사랑하며 현세의 영예를 추구했다면서 그 차이의 원인을 종교에서 찾는다. 고대 로마에서 활동적이고 적극적인 인물을 칭송한 데 비해 당시 이탈리아 종교는 겸손하고 명상적인 인물을 찬양한다는 것이다. 또한 고대 종교가 '정신의 위대함과 육체의 강인함' 등 인간의 활동적인 요소를 최고의 선으로 보았다면, 당시 종교는 '겸손과 비천함 및 인간사에 대한 경멸'을 칭송한다는 것이다. 『로마사 논고』 2권 2장에서는 이런 차이가 낳은 결과를 말한다.

> 대부분의 인간들이 천국에 가기 위해 자신이 입은 해에 대해 복수하기보다는 오히려 참는 것을 더 중시하기 때문이다. 세상이 나약해지고 하늘이 수수방관하는 것처럼 보일지라도, 의심할 여지 없이 그것은 주로 인간의 보잘것없음에서 비롯될 뿐이다. 이는 사람들이 우리 종교를 활력이 아니라 나태함이라는 관점에서 해석해왔기 때문이다. 만약 사람들이 종교가 우리나라의 발전과 방어에 기여할 수 있다는 점을 고려했다면, 우리가 조국을 사랑하고 존경하며 조국을 지키기 위해 만반의 대비를 하는 데 종교의 목표가 있다는 점도 이해했을 것이다.

피렌체 시내에서는 중세의 벽돌 건물이 근대의 시멘트 건물과 불협화음 속에 묘하게 공존하는 모습을 쉽게 볼 수 있다. 그리고 이 건물들 앞에는 여지없이 12, 13세기 건물이라는 표지판이 서 있다. 피렌체 곳곳에 중세 탑의 흔적이 많은데, 대개 귀족들이 지은 것이다.

권문세가 간 내전이 잦던 중세 이탈리아 도시국가에서는 귀족들이 거주와 방어를 위해 높은 탑 같은 건물을 지었다. 건물은 높을수록 더 좋았을 것이다. 지금까지 탑의 도시로 유명한 산지미냐노의 풍광에는 이런 배경이 있다. 그런데 시민들이 공화국 정부를 세우면서 탑은 파괴되거나 높이를 낮춰야 했다. 그리고 이제 시민들의 주거 공간이 된 경우도 있다.

베키오다리 북쪽 거리에서 아미데이가의 탑이 보인다. 세련된 상품을 파는 현대적인 가게가 1층에 있고 그 위는 살림집이라서 자칫 무심히 지나치기 쉬운 아미데이 가문의 탑은 중세 후기 피렌체 역사의 큰 사건과 관련이 있다. 마키아벨리는 『피렌체사』 2권 3절에 이 사건을 담았다.

1215년 피렌체에서 살인 사건이 일어난다. 당시 피렌체에서 가장 강한 귀족 부온델몬티가의 아들이 아미데이가 사람들에게 살해된 것이다. 시작은 결혼 문제다. 부온델몬티가의 아들과 아미데이가의 딸이 결혼하기로 되어 있었는데, 도나티가의 부유한 과부가 자기 딸을 부온델몬티가의 후계자와 맺어주고 싶어 했다. 이 과부가 젊은 부온델몬티에게 아름다운 딸을 보여주면서 혼사를 제안한다. 젊은 여인의 미모에 감탄한 부온델몬티는 아미데이가와 맺은 약속을 깨고 도나티가의 딸과 결혼하겠다고 약속한다. 이 이야기가 알려지자 아미데이가와 그들의 동맹 가문인 우베르티가 사람들이 분노하고 복수를 다짐한다. 아미데이가 사람들이 자기 가문 탑 주변에 숨어 있다가 부온델몬티가 말을 타고 베키오다리를 건넜을 때 그를 죽여버린다. 이 일로 당시 피렌체의 강력한 귀족 가문들 간에

분란이 일어난다. 부온델몬티와 도나티 가문 대 아미데이와 우베르티 가문의 대결이다. 그런데 겉보기에 치정 사건이 일으킨 이 혼란이 사실은 더 오래되고 국제적인 반목 및 대립과 연결되어 있었다. 바로 교황파와 황제파의 대립이다. 마키아벨리는 『피렌체사』 1권에서 이 대립의 배경과 영향을 분석한다.

로마 황제가 동로마로 권부를 옮긴 뒤 권력의 공백 상태에 놓인 서로마 지역에 이민족의 침입이 이어진다. 로마에서 가톨릭이 이 공백을 메우면서 영향력을 넓혀가는 사이 알프스 이북 서유럽 지역에서는 강한 나라들이 형성된다. 이민족의 개종으로 가톨릭이 영적 지배권을 넓히면서 로마의 교황은 자신을 보호할 무력이 필요해진다. 이 힘이 있는 이에게 교황이 신성로마제국 황제의 관을 씌우고 그 보호를 받으면서 교황과 신성로마제국 황제라는 중세의 두 가지 보편 권력이 형성된다. 하지만 이들이 세속의 여러 권한을 두고 대립하게 되고, 이런 대립이 앞에서도 본 서임권 투쟁으로까지 이어진다. 교황이 카노사에서 황제를 이기지만 그 뒤 곧 황제와 새로 융성하고 있던 프랑스 왕의 힘에 눌리게 된다. 결국 프랑스의 남부 아비뇽으로 교황청을 옮긴 교황은 쇠락의 길을 걷는다. 그

아미데이가 탑

이 탑 앞에서 벌어진 살인 사건의 배경을 파고들어 교황파와 황제파의 대립이 낳은 비극으로 설명할 때 그리고 외세와 손잡았지만 피렌체를 구하기 위해 노력한 우베르티를 평가할 때, 마키아벨리는 겉으로 드러난 현상보다 그 이면을 보려고 했다. 우리도 이런 태도로 그를 평가해야 공정하지 않을까?

래도 이탈리아에서는 교황의 영적인 권위가 여전했고, 이 때문에 이탈리아 북부를 중심으로 영향력을 발휘하고 있던 황제와 갈등을 겪게 된다. 여기에 분열되어 있던 이탈리아 각 도시와 국가 들이 자신들보다 더 큰 세력인 교황이나 황제 앞에 줄을 섰으니 교황파와 황제파가 나타난 것이다. 이탈리아 내부의 분열과 이를 둘러싼 국제 정세가 피렌체 정치에도 영향을 미쳐, 피렌체 귀족 가문들의 갈등과 대립이 교황파 대 황제파의 갈등으로 확대재생산될 수밖에 없었다.

이 황제파와 교황파의 대립이 단테의 『신곡』에도 나온다는 것이 재미있다. 이간질을 일삼고 불화를 일으켜 벌 받는 이들을 묘사한 지옥편 28곡에 람베르티Mosca dei Lamberti가 등장하는데, 바로 그가 아미데이가를 부온델몬티가에 대한 복수에 나서도록 부추겨 황제파와 교황파의 싸움을 일으킨 벌을 받는 것이다. 단테는 이렇게 두 세력 간 싸움의 원인을 개인 탓으로 돌린다. 하지만 마키아벨리는 다르다. 그는 두 가문의 싸움을 개인이 일으킨 것으로 보지 않고 더 큰 세력 간의 다툼 속에 일어날 수밖에 없던 것으로 평가한다. 세력 간 경쟁이 있었기 때문에, 앞에 말한 어긋난 혼사가 아니라 다른 일로라도 싸움은 벌어졌을 것이라고 보았다. 같은 사건을 두고 개인의 윤리적 문제로 평가하는 단테와 세력 간 경쟁 속에서 일어날 수밖에 없는 정치적 문제로 설명하는 마키아벨리는 정말 크게 다르다.

카를 5세

에스파냐의 왕이자 신성로마제국의 황제였다. 루터가 교회의 면벌부 판매를 비판하며 종교개혁운동을 일으키자 이를 탄압했지만, 유럽 각국의 권력 다툼과 오스만튀르크의 발흥 속에 결국 신교를 인정하게 된다. 교황 클레멘스 7세와는 정세에 따라 공조하거나 반목했다.

클레멘스 7세

메디치가라는 든든한 후광 덕에 교황이 됐는데, 일관된 신념을 보이지 못하고 수시로 동맹을 바꾸며 혼란을 키우다 '로마의 약탈'이라는 사태까지 낳았다. 그리고 이 수치스러운 상황 속에서 자기 목숨을 지키는 데 급급한 모습을 보였다.

인간적인 너무나 인간적인 정치사상가

마키아벨리는 이행기 인물의 특징을 보인다. 그를 흔히 근대 서양 정치사상의 시조로 말하는 것은 근거가 있다. 그는 정치 이론을 주장하는 데 종교의 논리를 사용하지 않는다. 그는 정치 현상을 인간의 이성과 욕망에 기초해 합리적으로 설명하려고 한다. 그가 "인간이란 어버이의 죽음은 쉽게 잊어도 재산의 상실은 좀처럼 잊지 못한다"는 말로 인간의 욕망을 지나치다 싶을 만큼 냉정하게 평가한 것이 대표적 예다. 그렇지만 1400년대 말에 태어난 르네상스인에게 완전히 근대적인 인간을 기대한다면 무리일 수 있다. 심지어 최첨단 과학기술이 발달한 요즘도 무속에 의지하는 사람들은 동서양을 막론하고 쉽게 보인다.

"하늘이 그 나라가 전쟁을 하지 않아도 되도록 자비를 베푼다해도……" "하늘은 영광을 위해 그보다 더 좋은 기회를 줄 수 없으며……" "전염병이나 기근이나 대홍수를 통해 인류를 전멸시키고 세상의 일부 지역에 약간의 거주자만 남겨놓는 것 등은 하늘에서 비롯한다." 마키아벨리는 이렇게 하늘에 대한 이야기를 종종 한다. 세상사 중 인간의 이성으로 이해하기 힘든 것을 설명할 때 쓰는 개념이 바로 '하늘'이다. 물론 하느님의 뜻이나 악마의 장난 등으로 설명하는 식은 아니다. 하지만 하늘의 개입을 이성적인 인간의 관점으로 설명하기는 어렵다. 마키아벨리의 관점을 르네상스 시대에 유행한 점성술의 영향으로 보는 이들도 있다. 점성술은 근대 천문학의 전 단계로, 인간의 지식 체계에 영향을 미쳤다. 우주와 인간세계의 관계 속에서 인간사를 파악하려고 하며 행성과 별의 배치와 운행이 인간사에 영향을 미치는 것으로 해석한다. 하지만 점성술이 기반을 둔 지구 중심의 천문관은 태양이 우주의 중심이라는 과학적 발견 이후 학문에서 미신의 영역으로 밀려났다. 그러고 보면 마키아벨리가 점성술에 어느 정도 기댄 것은 기독교라는 종교의 관점을 벗어났다는 데서 의미를 찾을 수 있다.

　마키아벨리는 하늘이든 인간의 능력이나 욕망이든 인간적인 것에 관심이 있었다. 하늘이나 기독교 같은 종교 자체보다는 그 정치적 영향이나 효과를 중시했기 때문이다. 다시 말해, 그에게는 정치적 의미가 중요했다. 이는 『로마사 논고』 1권 초반부에서 로마의 종교를 설명하는 대목에 잘 드러난다. 로마에는 새점이 있었다. 닭에게 모이를 줘, 닭이 그걸 먹으면 길조로 여기고 먹지 않으면 흉조로 보는 것이다. 한번은 전투를 앞두고 새점을 쳤는데 흉조가 나왔다. 당연히 전투를 삼가야 했다. 하지만 군대와 장군의 사기가 충만한 것을 본 점술가가 새점이 좋게 나왔다고 거짓말을 한다. 전투를 앞둔 장군도 흉조가 나온 걸 알고 있었지만 점술가의 거짓 보고를 나무라지 않고 전투를 밀어붙인다. 군인들의 사기가 오른 것은 두말할 나위가 없다. 마키아벨리는 이 예를 통해 로마인의 임기응변을 칭송한다. 진리 여부를 떠나 로마 장군의 임기응변을 통해 로마군이 점을 믿고 사기가 높아져 승리를 거둔 것이 중요하다고 보았다. 즉 그에게는 점의 진실성 여부가 아니라 그 해석을 통해 정치적 효과를 거두는 것이 중요하다.

　이런 면에서 마키아벨리는 근대인이라고 할 수 있다. 종교 자체

가 아니라 시민들이 그것을 믿고 그것을 통해 감동받고 움직인다는
사실이 중요하다. 믿음의 대상인 초월적 존재가 실재하는지 여부는
중요하지 않다. 참이든 거짓이든 인간이 믿는다는 사실이 중요하고
그것이 인간에게 미치는 영향과 효과가 문제다. 마키아벨리는 종교
를 삶의 방식으로 이해하면서 그것이 사람들의 행동에 미치는 영
향, 즉 역량과 나태의 관점에서 평가한다.

기독교에 대한 마키아벨리의 평가에 주목해보자. 그는 기독교
가 "겸손과 비천함 및 인간사에 대한 경멸을 최고선으로 내세"우고
"진리와 참된 길을 제시하기 때문에, 우리가 세속적 영예를 덜 추구
하게 만든다"고 했다. 즉 기독교가 현세보다는 내세를, 정치보다는
도덕을 더 중시하기 때문에 국가를 나약하게 만들었다는 것이다.

하나의 의미로 고정될 수 없는 이름

최근 유럽연합EU에서 지도적인 국가로 떠오른 독일은 이탈리아
와 여러 면에서 비교해볼 만하다. 무엇보다 역사적 경험이 비슷하
다. 두 나라는 근대국가의 형성이 늦었기 때문에 통일 운동이 일어
났으며 민중이 카리스마 있는 영웅이 나타나기를 고대하기도 했다.
그래서 이 두 나라에서는 『로마사 논고』보다 『군주론』이 더 적극적
으로 수용되었다. 그리고 영웅이 나타나기를 바랐기 때문일까? 이
두 나라에서 독재 체제인 나치즘과 파시즘이 등장했다. 2차세계대
전 시기의 영상 기록을 통해 우리는 독일의 히틀러와 이탈리아의

무솔리니(왼쪽)**와 히틀러**

무솔리니, 히틀러, 스탈린, 카스트로 그리고 나폴레옹 등이 『군주론』을 즐겨 읽었다는 이야기
때문에 이 책의 악명은 더욱 높아졌고, 마키아벨리는 권력 정치의 화신으로 오인되었다.

무솔리니가 나란히 선 모습을 볼 수 있다. 히틀러가 침대 옆에 『군주론』을 놓고 탐독했다는 설이 있고, 무솔리니는 『군주론』에 대한 글을 발표하기도 했다. 인류를 위협한 독재자들이 이렇게 가까이했다는 것 때문에 『군주론』은 악명이 더 높아졌고, 피도 눈물도 없는 모략가라는 사실이 책 한 권으로 증명되는 듯 두 독재자에게는 더 큰 비난이 쏟아졌다.

당연히, 독일과 이탈리아는 다른 면도 있다. 특히 날씨가 너무 다르다. 로마인들이 오늘날 독일 지역인 라인강 동쪽을 피해 북쪽으로 올라갔다는 말이 있는데, 이런 판단에는 깊은 숲과 척박한 땅에 안 좋은 날씨가 크게 작용했을 것이다. 흐린 하늘이 어깨를 누르는 저기압에 익숙하고 비 오는 날을 맑은 날보다 훨씬 많이 겪은 독일인들에게 날씨는 행복한 삶을 위협하는 최대의 골칫거리다. 반면에, 이탈리아의 날씨는 화창하기 그지없다. 이탈리아반도의 남쪽으로 내려가면서 시시각각 달라지는 하늘과 주변의 풍광은 대문호 괴테를 비롯해 많은 독일인들을 휴가철에 이탈리아로 불러들인 주요 원인이다. 자칫 가벼워 보일 수도 있는 이탈리아인들의 활기와 익살이 화창한 날씨에서 왔을지도 모른다.

독일과 이탈리아가 종교의 발전과 유지에 크게 이바지했다는 점은 공통적이다. 이탈리아의 수도 로마는 서구 문명과 기독교의 기둥이자 중심이다. 전 세계 가톨릭 신자들에게 영혼의 고향이자 교황이 살고 있는 성베드로대성당은 로마 내 바티칸시국에 자리하며, 이탈리아인들은 가톨릭 신자로서 로마 교황청을 지지한다. 기독교의 세계 전파도 로마제국과 그 맥을 같이한다. 기독교는 4세기 초반에 콘스탄티누스 대제가 공인하면서 동로마와 서로마를 걸쳐 서양의 종교가 되어갔다. 물론 동로마와 서로마의 상황은 달랐다. 동로마제국은 지금 이스탄불로 이름을 고친 콘스탄티노플을 중심으로 강력한 제국을 유지하고 있었다. 하지만 서로마는 로마제국이 동로마로 옮겨가자 권력의 공백 상태를 맞는다. 게르만족 출신 용병대장 오도아케르가 서로마를 멸망시킨 476년 이후 서로마 지역은 다양한 이민족들의 전쟁터로 변했다. 그리고 많은 이민족의 침입과 그들의 정주 속에서 로마의 대주교는 교황의 지위에 오른다. 동로마가 이주 뒤 얼마간은 서로마 지역에도 군대를 보내고 관심을 보이지만 튀르크와 대결하면서 서로마 지역에 더는 신경 쓸 수 없게 된다. 이런 상황에서 교권을 쥔 교황 레오 3세가 서로마 지역의 맹주를 자신의 보호자로 두려고 한 결과, 800년에 카롤루스 대제가 로마에서 교황을 통해 신성로마제국 황제가 된 것이다.

기독교 교리에 따르면 예수가 12사도 중 수제자인 베드로에게 많은 권한을 부여했다. 초기 교회의 지도자인 베드로는 로마에서 순교했고, 그의 후계자가 로마 주교로서 교황이다. 그리고 교황이 임명하면서 그 전과 달리 '신성'이 붙은 로마제국의 황제는, 교황이 영적 세계를 맡은 것처럼 세속의 지배권을 주장할 수 있게 되었다. 이렇게 이탈리아와 독일에 각각 세워진 제국은 시간과 장소와 계급을 초월해 모두에게 해당한다는 점에서 '보편' 제국이다. 가톨릭의 어원인 라틴어 '카톨리쿠스catolicus'가 바로 보편을 뜻한다.

15세기 중반에 백년전쟁을 끝내고 강력한 중앙집권 국가로 발전하려고 한 프랑스는 왕권을 강화하면서 절대왕정을 향해 가고 있었다. 이는 중세를 벗어나 근대에 가까워졌다는 뜻이기도 하다. 하지만 독일과 이탈리아는 달랐다. 먼저 독일은 신성로마제국의 영향으로 종교에 대한 믿음이 강해, 교황청의 면벌부 판매 열기가 다른 나라보다 뜨거웠다. 그리고 딱 그 열기만큼 교회의 타락에 대한 반발도 커졌다. 결국 1517년에 루터가 비텐베르크 교회의 문에 95개조 반박문을 붙인다. 루터가 일으킨 종교개혁의 핵심은 라틴어 성경을 당시 일반 민중의 언어인 독일어로 옮긴 것이다. 이는 기존 가톨릭교회와 일반 신도 간 권력관계를 정확히 파악했기 때문에 가능한 일이었다. 하느님과 신도를 매개하던 성직자들의 주요 무기는 바로 하느님의 말씀인 성경을 읽을 수 있다는 것이었다. 그들은 라틴어 성경에 대한 독점권을 다방면에서 마음대로 활용했다. 루터가 이런 구조를 깨면서 기독교인은 '오직 믿음만으로' 성경을 통해 하느님과 직접 대면할 수 있게 되었다. 그리고 기독교는 구교와 신교로 나뉜다.

종교개혁을 일궈낸 독일과 달리 이탈리아에서는 교황이 여전히 힘을 발휘하고 있었다. 교황국은 이탈리아의 다른 나라들과 영토 확장 경쟁 중이었는데, 특히 피렌체는 로마와 가까워 항상 교황국과 충돌할 가능성을 안고 있었다. 실제로 1375년부터 1378년까지 교황 그레고리우스 11세와 피렌체를 중심으로 한 도시국가들이 전쟁을 벌인다. 이 전쟁을 피렌체에서는 '8성인 전쟁'이라고 했는데, 이런 이름이 붙은 이유가 있다. 표면적으로는, 전쟁을 치르기 위해 만든 조직을 구성한 여덟 사람을 '성인'으로 불렀기 때문이다. 그리고 좀 더 깊이 들여다보면, 전쟁의 상대가 지상에서 신의 대리인 구실을 하던 교황이라는 것 때문이다. 사실 기독교인이 교황에 맞서 싸운다는 것은 있을 수 없는 일이다. 피렌체 사람들로서는 전쟁의 명분이 필요했을 것이다. 따라서 하늘의 뜻을 따르는 이는 교황이 아니라 자신들이라면서 정당성을 확보하기 위해 '성스럽다'는 말을 갖다 붙였다. 하지만 마음속으로는 모두가 알고 있었다. 교황이 세속 국가의 영역에서 그들과 똑같이 이익을 추구하는 특수 권력이라는 점을 말이다. 피렌체인들이 스스로 성스럽다는 말을 붙인 데는 교황청의 종교적 권위 독점에 대한 반감도 있었다. 결국 교황국이라는 세속 영토를 가진 교황청이 세속 권력과 갈등하는 가운데 스스로 영적 권한을 약화한 셈이다.

이때부터 이탈리아에서는 독일의 종교개혁에 대항해 가톨릭 내부의 반성을 촉구하는 반종교개혁이 일어났고, 이런 흐름 속에서 『군주론』이 금서로 지정되었다. 하지만 19세기 말에야 통일을 이룰 만큼 분열된 이탈리아의 상황은 마키아벨리를 통일 운동의 선구자로 자리매김하게 한다.

마키아벨리 연구 면에서 독일과 이탈리아는 서로 다른 경향을 보여준다. 독일은 걸출한 역사학자 마이네케를 거치면서 국가이성론자로서 마키아벨리를 이해하기 시작했다. 근대국가 이념의 기초로서 국가의 생존이 그 무엇보다도 중요하다는 논리를 마키아벨리가 정초했다는 것이다. 이렇게 이해하는 근거는, 그가 국가를 유지하는 데 꼭 필요한 힘이 윤리나 도덕 같은 가치를 넘어서서 존재한다고 본 데에 있다. 마이네케 이후 독일의 마키아벨리 해석은 다양한 흐름을 보여준다. 1장에서 언급한 바론이 마키아벨리 논의의 공화

산타크로체성당의 마키아벨리 무덤

TANTO. NOMINI. NVLLVM. PAR. ELOGIVM

NICOLAVS. MACHIAVELLI

OBIT. AN. A. P. V. CDDXXVII.

주의적 측면을 강조하는가 하면, 마이네케의 논의를 발전시킨 국가
이성론에 입각해 마키아벨리를 지지하는 학자도 있다.

이탈리아는 민족주의를 배경으로 마키아벨리를 수용한 이후 논
의의 깊이를 더했다. 특히 마키아벨리가 사고하고 행동하던 시기의
이탈리아와 피렌체라는 배경에 초점을 맞춰 그의 삶과 사상의 연관
성을 추적한 글들이 있다. 대표적인 예가 리돌피의『마키아벨리 평
전』이다. 이 책은 나온 지 반세기가 넘었지만 지금까지도 이것을 대
체할 만한 마키아벨리 일대기가 없을 정도로 수작이다. 사소Gennaro
Sasso를 비롯해 권위 있는 연구자들은 대부분 마키아벨리의 사상을
시대적 배경과 연결해 풀어낸다. 그의 사상을 이러저러한 '주의'라
는 거대한 담론 속에 가둬두기보다는 맥락적으로 이해하려는 경향
을 보여준다.

이탈리아 출신으로 미국과 이탈리아에서 활발히 활동하고 있는
비롤리Maurizio Viroli는 마키아벨리를 공화주의자로 파악한다. 현재
영미의 많은 학자들도『로마사 논고』에 초점을 맞춰 마키아벨리 사
상의 공화주의적인 면모를 강조한다. 의심할 여지 없이 마키아벨리
는 피렌체공화국의 번영을 기원하고 공화주의를 대변했다. 그럼에
도 독일과 이탈리아같이 분열 속에서 통일을 늦게 이룬 나라에서는
통일을 위해 강한 권력의 필요성을 주창한 군주주의자로 이름을 드
높이게 된다.

현재 마키아벨리라는 이름은 고정된 의미를 갖지 않는다. 그의
사상은 시대와 상황의 변화 속에서 서로 다른 의미와 색채를 띠게
되었다. 그의 고향 피렌체에서는 그를 서기관이나 역사가로 기억

하고, 시에나에서는 통일국가 형성의 아버지로 기리는 것처럼 말이다. 이런 상황을 마키아벨리가 본다면 흐뭇해할지도 모른다. 왜냐하면 그는 예측할 수 없게 급변하는 세계 속에서 국가의 유지와 부강을 위해 당면한 과제를 해결하려고 한 현실 정치가이자 사상가이기 때문이다. 상황이 변하면 대처법이 달라질 수밖에 없다. 대처법은 고정불변한 진리가 아니라 융통성 있는 지혜에 기초해야 한다. 마키아벨리가 시대 변화와 무관하게 끊임없이 소환되는 이유는 역설적으로 그가 당대의 요구에 꼭 맞는 지혜를 추구한 사상가라는 데 있을 것이다.

"이 위대한 이름에는 어떤 찬사도 부족하다."
— 산타크로체성당의 마키아벨리 묘비명

한 공화주의자의 짝사랑

마키아벨리를 낳은 이탈리아 피렌체에서 진짜 그의 모습을 찾아 보여주겠다며 떠난 15박 16일 여정이 꿈같이 지나갔다. 나는 그동안 피렌체 구석구석은 물론이고 토스카나의 여러 도시를 다니면서 그가 살던 시대를 느껴보려고 했다. 큰 차질 없이, 꼼꼼하게 세운 계획대로 움직였는데도 여정을 마무리하려니 아쉬움이 크다. 마키아벨리에 대한 이해가 깊어진 만큼 더 오래 머무르면서 더 자세하게 보고 싶다는 마음이 커졌기 때문이다. 그가 공직에서 쫓겨난 뒤 머무르던 산탄드레아 인 페르쿠시나에서 피렌체 두오모의 쿠폴라를 바라볼 때 심정이 이렇지 않았을까? 가까이 다가가서 도움이 되고 지켜주고 싶은데 그렇게 못 하는 안타까움 말이다. 마키아벨리 사상을 연구하는 나로서는 그의 매력을 독자들에게 알릴 길이 뻔히 보이는 것 같았는데, 막상 그 길에 발을 디뎌보니 까마득하게 먼 길이리는 생각이 든다.

어떤 독자는 마키아벨리가 성장한 과정과 사랑하고 가정을 꾸리는 모습 등 정치와 상관없는 그의 사적인 생활이 궁금할지도 모르겠다. 아니, 이 책을 읽고 그에 대해 뭐든 궁금한 게 많아진 독자가 생긴다면 좋겠다. 내가 마키아벨리의 모든 것을 보여주려고 한다면 말도 안 되는 욕심이다. 처음부터 내가 할 일은 마키아벨리 사상의 현재 가치를 밝히고, 그에 대한 관심을 불러일으키는 것이었다. 사실 거의 500년 전에 죽은 인물의 생애를 재구성한다는 것은 얼마 남지 않은 사료에 상상력을 동원할 수밖에 없는 일이고, 이런 작업으로 탄생시킨 마키아벨리의 전기는 이미 나와 있다. 그래서 나는 그의 저술을 통해 그를 이해하는 데 집중하기로 했다.

안타깝게도 마키아벨리가 자신의 재능을 현실 정치의 영역에서 충분히 발휘하지는 못했다. 하지만 역설적으로 그에 따른 고통과 비탄이 뛰어난 저작을 만들어내는 데 자양분이 된 것으로 보인다. 『군주론』 『로마사 논고』 『전술론』 『피렌체사』 「만드라골라」 「클리치아」 등이 모두 그가 공직에서 물러난 뒤에 세상에 나왔다. 그리고 이 모든 작품에서 그는 인간의 본성에 대한 깊이 있는 성찰을 보여준다. 다시 말해, 인간이 도덕이나 종교의 당위보다는 욕망에 따라 움직이는 존재라는 것을 인정한다. 인간에 대한 이해를 바탕으로 정치 또는 통치의 방법을 이야기하다보니 때로는 악해지는 법을 배워야 한다는 주장이 나왔다. 우리는 이제 그가 말한 '때'가 나라의 존립이 위태로울 때라는 것을 알지만, 인간과 권력의 속성을 가식 없이 드러낸 그가 치른 대가가 너무 컸다. 그의 책을 읽어보지도 않은 채 그를 악마의 대변인으로 알고 있는 사람들이 여전히 많다. 아주 널리 쓰이는, 피렌체 시 청사에 있는 마키아벨리의 초상만 해도 그에 대한 부정적 인식을 반영해 그려졌다고 보는 학자들이 있다. 그가 살아 있을 때 남긴 초상이 아니니, 개연성이 충분한 의견이다.

사실 나랏일을 하는 것 말고는 특별한 자질이 없다고 고백하기도 한 마키아벨리는 머릿속에 오로지 피렌체에 대한 생각뿐이었던 것 같다. 그래서 그에 대한 오해가 더욱 가슴 아프다. 그는 메디치가의 손에 공직에서 쫓겨난 뒤 생활고를 피할 수 없었다. 물론 메디치가의 의뢰로 『피렌체사』 집필을 시작하고 변변찮은 공직을 받기도 했지만, 형편이 나아지지는 않았다. 피렌체를 지배한 메디치가의 손에 생사여탈이 달린 이가 그뿐만은 아니었을 것이다. 이쯤 되면 신세 한탄에 빠질 법도 하지만 그는 그러지 않았다. 젊은 공화주의자 귀족들과 함께하는 독서 모임에서 부국강병에 대해 토론하는가 하면, 귀차르디니나 베토리와 편지를 주고받으며 정세를 분석하고 바람직한 대처 방법에 대한 의견을 나누었다. 그에게는 나랏일이 말 그대로 천직이었던 것이다.

그는 자신의 영혼보다 조국을 더 사랑한다고 여러 번 밝혔다. 사적인 것보다는 공적인 것에 대한 관심이 큰 사람이었다. 공적인 것, 즉 정치의 영향이 개인의 삶에 얼마나 깊이 미치는지를 알기 때문에 바람직한 정치가 무엇인가를 고민하고 그 중요성을 저작들에서 일관되게 주장했다.

그러나 예나 지금이나 정권 차원에서 마키아벨리를 보는 사람들은 그를 기회주의자로 평가하기 일쑤고, 속을 알 수 없는 수수께끼

같은 인물이라고 하면 그나마 좋게 보는 경우다. 이들은 정권보다 나라를 우위에 둔 마키아벨리를 제대로 못 본 것이다. 그가 여러 얼굴을 가진 것처럼 보인다면, 그 원인은 그가 살던 시대의 정치 상황이 혼란스럽고 급변한 데 있다. 언제나 그가 상황에 맞는 대처법을 힘주어 말했다는 점을 생각해보자.

피렌체 도심을 벗어나 산탄드레아 인 페르쿠시나에 찾아갔을 때 저 멀리 내려다보이는 두오모의 모습에 깜짝 놀라고 반가웠던 기억이 있다. 피렌체를 위해 일하려고 하고, 자신의 경험과 공부를 통해 피렌체의 존립과 발전에 이바지하려고 하던 마키아벨리는 오죽했을까? 멀리서도 존재감을 드러내는 두오모의 웅장한 지붕은 그에게 여러 가지 복잡한 감정을 불러일으키면서도 큰 힘이 되었을 것 같다. 그 모습을 매일 봤으니 신산한 삶 속에서도 관복을 갖춰 입고 집필에 몰두할 수 있지 않았을까 싶다.

마키아벨리는 자신이 이탈리아 중에서도 피렌체 사람이라는 것을 누구보다 자랑스러워했다. 그리고 그가 본 피렌체의 정수는 무엇보다 시민들이 중심에 선 공화국이었다. 그래서 카를 5세가 이끄는 군대의 위협을 어렵게 넘기고 혼란한 가운데 1527년 피렌체에서 공화정이 다시 수립되었을 때 마키아벨리는 예전의 직위를 다시 맡을 수 있으리라는 기대를 품고 공직에 지원했을지도 모른다. 하지만 그는 탈락했다. 새로운 공화정의 문을 연 사람들이 그를 메디치가에 복무한 사람으로 여기고 푸대접한 것이 어찌 보면 당연하다. 오히려 예순을 코앞에 둔 나이에 다시 공직을 맡을 수 있다는 기대를 품고 지원한 마키아벨리가 무척 순진하게 느껴진다. 누가 봐

『군주론』의 다양한 판본들

마키아벨리가 죽은 뒤에야 출판된 『군주론』이 지금까지 세계 곳곳에서 끊임없이 새로운 모습으로 나오고 있다. 거듭 읽히는 만큼 다양한 해석도 존재해, 정치에 관한 논의를 풍성하게 한다.

도 겪기기 뻔한 일에 도전했으니 말이다. 이것을 어떻게 이해해야 할까? 나는 좌고우면하지 않은 공화주의자의 짝사랑이라는 생각이 든다.

마키아벨리는 눈치를 살피지 않았다. 귀족과 인민이 분열된 시기 그리고 메디치 군주정을 옹호하는 사람들과 공화정을 지지하는 사람들 간의 대립이 치열한 시기에 오로지 조국 피렌체만 생각했다. 공화주의자지만 위기를 극복하는 데 군주적 강권이 필요하다는 견해도 밝혔다. 일단 눈앞에 닥친 문제를 극복해야 조국의 안녕을 지킬 수 있기 때문이었다. 어설프게 선의만 내세우기보다는 결과를 생각해야 한다고 했다. 많은 인민의 자유와 행복을 지키지 못하는 선의는 진정한 선의가 아니라고 보았다. 정치 또는 통치에 관한 지극히 현실적이고 실용적인 지침서인 『군주론』은 시대와 장소를 막론하고 어느 군주에게나 도움이 될 만하지만, 정작 그 주인으로 지정된 메디치 군주에게는 외면당했다. 그리고 메디치 군주에게 통치 방법을 제언한 것도 나라의 존립과 발전을 위한 것이므로 부끄럽지 않다고 생각한 마키아벨리의 의도와 달리, 그는 공화주의자들의 눈 밖에 난 지 이미 오래였다. 피렌체만 생각해서, 자신을 고문하고 내쫓은 메디치가에게까지 충언을 아끼지 않은 그는 결국 어느 쪽에서도 이해받지 못했다. 이렇게 슬픈 나라 사랑, 짝사랑이 어디 있겠나?

마키아벨리가 살던 16세기 피렌체는 상층 귀족과 하층 인민의 갈등이 심한 가운데 공공성이 확립되지 않아 시민들의 역량과 활력이 말라가고 있었다. 게다가 유력한 주변국에게 시달리기까지 했다. 이 대목에서 데자뷔가 느껴지지 않는가? 500년 전 피렌체의 상황이 지금 여기, 21세기 한국의 처지와 꼭 닮았다는 생각이 든다. 안타깝게도 '갑질'과 '수저 계급론'이 우리 사회의 현실을 적나라하게 드러낸다. 국회의원의 인사 청탁과 권력을 이용한 성범죄 소식이 끊이지 않는 한편, 북한과 미국과 중국 등 주변국들 사이에서 생존의 해법을 고민해야 하는 상황도 되풀이되고 있다. 이렇게 정국이 불안한 만큼 힘없는 시민들은 요행에 기대려고 하는 경향을 보인다. 툭하면 터지는 사기 또는 투기 사건은 능력과 노력에 따른 보상과 경쟁의 룰에 대한 절망감을 반영한다고도 볼 수 있다.

저마다 자유롭게 목소리를 내는 민주주의는 시끄러운 것이라지만, 소란을 겪고도 발전하고 있다는 느낌이 들지 않는다면 가진 자보다는 못 가진 자의 절망과 상처가 더 클 수밖에 없다. 형식적인 평등이 사실은 불평등일 수 있다는 말이다. 500년 전 피렌체처럼 우리나라의 평화로운 존립이 걱정스럽고, 500년 전 피렌체 시민들처럼 우리에게는 실질적인 자유와 평등이 필요하다. 언제나 '정권'이 아니라 '나라'를 본 마키아벨리의 지혜를 온전히 배우고 싶은 이유가 여기에 있다. 현재 조건에서 최선은 무엇일까? 이 책을 읽는 사람들과 내가 던진 질문이 공허한 메아리가 되지 않길, 우리 사랑은 짝사랑이 되지 않길 바랄 뿐이다.

마키아벨리 생각의 키워드

01 마키아벨리즘

『군주론』 1550년판

"국가의 유지, 발전을 위해서는 어떠한 수단이나 방법도 허용된다는 국가 지상주의적 정치사상. 이탈리아의 마키아벨리가 그의 저서 『군주론』에서 처음 주장하였다." 사전에 정의된 마키아벨리즘이다. 사실 마키아벨리즘은 구교도와 신교도의 전쟁 및 근대국가 형성 과정에서 권력을 획득하기 위해 비윤리적 행위도 서슴지 않은 서구 정치사의 혼란을 반영한다. 『군주론』이 나오기 전에도 권모술수의 정치는 동서양을 막론하고 자주 행해졌다. 다만 『군주론』이 나온 뒤에, 그런 정치를 한마디로 표현하고 비난할 단어가 생겼을 뿐이다. 바로 마키아벨리즘이다. 하지만 마키아벨리는 상황에 맞는 정치를 주장했을 뿐이다. 악한 사람들 앞에서 몰락하지 않으려면 선하지 않을 수 있는 방법을 배워야 한다는 그의 제안만 봐도 알 수 있다. 따라서 마키아벨리가 의도한 정치사상이 마키아벨리즘은 아니다.

02 공화주의적 애국심

마키아벨리는 조국 피렌체를 깊이 사랑한 것으로 유명하다. 그의 애국심이 어떤 사상에 기초했는가에 대해서는 논란이 있다. 『군주론』 26장에서 야만족의 침입으로부터 이탈리아를 해방해야 한다고 해서 그가 민족주의적 애국심을 드러냈다고 보는 경우가 많다. 그런데 당시 이탈리아반도에서는 피렌체, 밀라노, 교황국, 나폴리, 베네치아 등이 서로 힘을 겨루며 저마다 영토 확장을 꾀하고 있었다. 또한 알프스 이북의 나라들이 침입한 탓에 과거에 있던 로마 대 야만인의 구도 속에 이탈리아의 자유를 외치는 분위기가 팽배했지만, 이것이 미래의 통일된 이탈리아라는 새로운 민족국가를 향한 운동과 염원으로까지 나아가지는 않았다. 따라서 마키아벨리의 애국심을 민족주의적 애국심이라고 하기는 어렵다. 오히려 그의 애국심은 공화주의적 애국심으로 보는 편이 합당하다.

　공화주의적 애국심은 언어, 혈통 등에 기반을 두고 타민족에 대한 우월감을 표현하는 배타적 애국심과 다르다. 공화주의적 애국심은 공화정의 자유 헌정 체제에 대한 사랑이다. 마키아벨리는 고대 로마 시민들의 공화정에 대한 사랑이 자유를 지키고 공공선을 추구하는 시민적 덕성으로 표현된 것을 밝힌다. 로마의 이런 공화주의적 애국심은 공화정의 자유를 찾아 이민한 외국인들에 대한 포용으로 나타났다. 포용으로 인구가 늘어났고, 늘어난 인구는 시민군에 편입되었다. 이런 과정을 통해 공화정에 대한 애국심이 충만하고 규율을 잘 지킨 로마 군대가 로마를 강대국으로 만들었다. 즉 공화주의적 애국심은 적대와 배제가 아닌 포용과 화합을 가져오는 것이다.

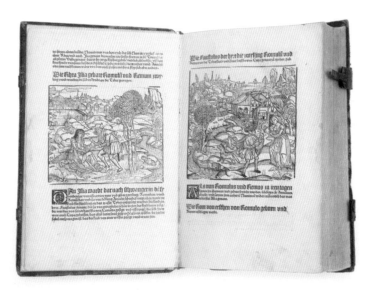

리비우스의 『로마사』

03 공공선

공공선은 '개인을 위한 것이 아닌 국가나 사회, 또는 온 인류를 위한 선'으로, 공익을 지향하는 만큼 사익과 반대되는 개념이다. 공공선과 사익 추구의 관계에 대해 상반된 의견이 있다. 자유시장을 옹호한 경제학자 스미스Adam Smith는 사람들이 저마다 사익을 추구하면 그것이 '보이지 않는 손'의 조율을 거쳐 자연스럽게 공공선이 된다고 보았다. 이와 반대로 사회계약론을 내세운 홉스Thomas Hobbes는 사람들이 저마다 자기 이익만 추구하면 사회가 만인의 만인에 대한 투쟁 같은 무질서 상태에 빠질 것이라고 했다. 마키아벨리는 후자에 동의했을 것이다.

홉스

공공선은 시민적 덕성의 기반이 되는 개념이다. 시민적 덕성은 개인의 이익보다는 공동체의 이익을 위해 행동하는 시민의 자질이자 덕목이다. 공공선의 가치를 높이 사는 이들은, 사익을 추구하는 욕망을 제어하고 공공선을 지향하면 시민들의 연대를 통해 공존하는 사회를 만들 수 있다고 본다. 그런데 공공선을 지나치게 강요해 서구 사회에서 비극적 결과를 가져온 적이 있다. 파시즘과 나치즘이 공공선을 적극적으로 규정하고 획일적으로 적용해 폭압적으로 악용했다. 따라서 공공선은 사익을 추구하는 이기적 경향은 제어하되 개인의 자율성을 인정하면서 연대와 공존을 지향해야 한다.

04 포르투나

마키아벨리에게 포르투나는 그리스신화의 티케와 로마신화의 포르투나 개념을 이어받아 행운과 불운을 아우르는 운명을 뜻했다. 중세에는 포르투나가 신의 섭리를 실현하는 도구로 이해되었다. 하지만 르네상스 시기에 포르투나는 변덕스러운 여성, 강이나 바다의 험난한 급류, 동그란 수레바퀴로 표현되며 우연의 영역에 있는 것으로 설명되었다. 예측할 수 없을 만큼 급변하는 인간사와 순환하는 인간의 운명에 대한 인식이 보인다. 마키아벨리는 저술에서 포르투나의 이런 상징과 의미를 모두 사용했다. 그리고 포르투나를 대하는 인간의 바람직한 태도와 행동을 강조한다. 그것은 크게 둘로 나눌 수 있다. 하나는 지혜, 다른 하나는 제도다. 즉 『군주론』에서는 뛰어난 지도자의 선견지명이나 능력을 통한 대처를, 『로마사 논고』에서는 군대나 공화국의 제도를 통한 대처를 강조한다.

포르투나 또는 가변적인 세계는 인간이 통제할 수 있는 영역이 아니다. 그러나 손을 놓고 있을 수만은 없다. 비가 얼마나 많이 올지는 아무도 알 수 없다. 하지만 둑을 쌓는 것은 인간의 영역이다. 결국 홍수가 났을 때 그 피해 정도는 인간이 대처를 얼마나 잘하는가에 달려 있다.

포르투나

포르투나와 비르투 개념의 영감을 준 아르노강

05 비르투

그리스철학의 아레테와 로마의 비르투스 개념을 이어받은 마키아벨리의 비르투는 인간의 덕과 역량을 포괄한다. 민주정이 발달하기 전에 아레테는 전투에서 이기는 능력과 같은 경쟁적 의미가 있었다. 하지만 시민의 힘이 커지고 민주정이 수립되면서 경쟁적 의미 대신 협동적 의미가 강조되었다. 공동체를 위해 힘을 모으는 시민들의 덕성이 부각된 것이다.

　마키아벨리에게서도 비르투의 두 가지 의미를 다 확인할 수 있다. 『군주론』에서는 자신의 역량을 발휘해 어려움을 극복하고 목적을 이루는 지도자가 강조되는 반면, 『로마사 논고』에서는 공공선에 복무하며 공동체의 활력을 증진하는 시민에 초점이 맞춰진다. 마키아벨리의 비르투는 특히 다른 무엇보다도 포르투나에 대항하는 인간의 능력으로 강조된다. 고난으로 나타나는 포르투나를 극복하는 비르투가 지도자 개인의 탁월한 능력일 때도 있지만, 협력과 연대 속에 드러나는 시민의 집단적 힘이기도 한 것이다.

06 메디치가

이탈리아 르네상스와 피렌체를 메디치가와 분리해서 생각할 수는 없다. 메디치가는 상인, 은행가, 군주, 교황 들을 배출했으며 부를 통해 예술과 학문의 부흥을 이끌었다. 메디치가의 힘은 코시모 데 메디치 대에 절정에 이르렀다. 그는 부와 권력을 다 가지고 있었지만 겸양을 통해 질서와 견제를 극복하려고 했다. 하지만 귀족들과 벌이는 권력 다툼이 격해지면서 그의 후손들은 노골적으로 권력의지를 드러내, 피렌체공화국을 무너트리고 군주국을 세웠다.

　마키아벨리는 메디치가를 비판적으로 평가한다. 비록 『군주론』과 『피렌체사』를 메디치가에 바치고 그 밑에서 공무를 맡으려고 했지만, 그는 피렌체공화국을 지지했기 때문이다. 『피렌체사』에는 코시모가 사적인 방식으로 정치를 수행해 파당을 형성하고 권력을 잡은 것에 대한 비판이 있다.

　마키아벨리가 공화주의를 지지하면서도 메디치가에 손을 내민 이유는 위기에 빠진 피렌체의 몰락을 막기 위한 선택이었다. 그리고 메디치 군주국의 강화가 아니라 피렌체의 정치 및 군사 제도의 보완을 위한 방법과 대책을 제안했다.

메디치궁 정원

07 귀족

마키아벨리에게 귀족의 의미는 크게 두 가지다. 중세의 전통 귀족과 도시의 부를 축적한 시민층에서 나온 신흥 귀족이다. 전통 귀족은 작위가 있으며 도시 외곽의 농지에 기반을 두고 있었다. 피렌체의 경우 시민층이 성장하기 전까지 이들이 정치를 장악했다. 상공업의 발달로 부를 축적한 시민층에서 도시 정부의 권력까지 장악한 신흥 귀족이 등장했는데, 그 대표적인 예가 메디치가다. 신흥 귀족은 처음에 평민들의 도움을 받아 전통 귀족을 제압해 흡수했고, 권력을 장악하자 평민들을 배제하는 정책을 폈다.

  마키아벨리는 귀족을 인민과 더불어 국가를 구성하는 기본 세력으로 본다. 귀족은 소수이며 지배욕이 있다. 자유롭게 살려고 하는 인민을 억압하기 때문에 많은 문제를 일으킨다. 하지만 글을 읽을 줄 알고 무기를 쓸 수 있기 때문에 국가에 크게 기여하기도 한다. 마키아벨리는 기본적으로 귀족에 대해 비판적이지만 그들의 능력을 바르게 쓰며 공존해야 한다고 보았다.

귀족과 인민으로 구성된 로마공화정

안토니오 마리아 크레스피의
마키아벨리 초상화

08 인민

마키아벨리는 인민을 두 가지 의미로 쓴다. 하나는 공동체 구성원 전체고, 다른 하나는 귀족과 대비되는 계층적 의미에서 일반 시민 또는 평민이다. 마키아벨리는 두 번째 인민 개념에 좀 더 관심을 쏟는다. 인민이 귀족과 더불어 국가 구성의 핵심 세력이기 때문이다. 다수를 이루는 인민은 귀족과 달리 자유롭게 사는 데 만족한다. 마키아벨리는 『군주론』에서 "인민의 목표는 귀족의 목표보다 더 명예롭다"고 말한다. 그는 인민에 기반을 둔 나라를 만들어야 한다고 보았다. 『로마사 논고』 초반부에서 말하듯 자유의 수호자가 바로 인민이기 때문이다. 자국군을 채우는 인력 또한 인민이다.

하지만 마키아벨리는 인민의 타락을 경계했다. 인민이 파벌을 짓고 그 집단의 이익만 추구하면 국가가 무질서 상태에 빠지기 때문이다. 그는 시민적 덕성을 가지고 공공선을 추구하는 인민들만이 자유로운 공화정을 보존할 수 있다고 보았다.

마키아벨리 생애의 결정적 장면

1469   피렌체에서 태어나다

5월 3일 아버지 베르나르도 마
키아벨리와 어머니 바르톨로메
아 데 넬리 사이에서 아들로는
맏이로 태어난다. 아버지는 법
학박사였고 어머니는 시를 썼
다고 한다. 그의 아버지가 뚜렷
하게 사회 활동을 했다는 기록
은 눈에 띄지 않는데, 세상에 등
장한 지 얼마 안 돼 사람들이 꺼
리기도 한 인쇄본 도서를 비롯

마키아벨리 생가 현판

해 책을 아주 좋아했다는 것은 확인할 수 있다. 경제적으로는 넉넉하지 못해도 책을 좋아
한 아버지 덕에 지적인 양분은 충분했다. 한편 그의 집안 형편과 달리 피렌체는 상업이 발
달한 덕에 유례없는 경제적, 문화적 풍요를 누린다.

1478   파치가의 음모와 메디치가의 복수를 보다

파치가에서 메디치 형제를 습격했다가 실패한 뒤
에 피바람이 인다. 아홉 살이라는 어린 나이였지만
이미 2년 전부터 라틴어를 배운 마키아벨리가 피
렌체에 휘몰아친 정변을 몰랐을 리 없다. 오히려 파
치가의 어설픈 반란과 메디치가의 철저한 복수에
대해 보고 들으면서 깊은 인상을 받았을 것이다.

파치가의 습격을 묘사한 메달

1498 피렌체공화국의 서기관이 되다

세속적인 피렌체에 경건한 종교적 행사를 자리 잡게 하는 등 개혁에 나선 사보나롤라가 1497년에 벌인 허영의 소각을 정점으로 시민들의 신망을 잃고 결국 이듬해 5월 23일에 화형을 당한다. 공교롭게도 사보나롤라가 화형되고 한 달도 안 지난 6월 19일에 마키아벨리가 새로 구성된 정부의 제2서기관으로 뽑힌다. 대학교수와 공증인 등 쟁쟁한 후보들과 경쟁한 결과라서 놀랍다. 이때까지 마키아벨리의 문재를 확인할 만한 일은 있었어도 공적인 영역에서 두각을 나타냈다는 기록은 안 보이기 때문이다. 이어서 7월 14일에는 10인 위원회 비서직에도 임명된다. 외교와 국방 업무를 맡은 마키아벨리는 귀족이 아니라서 전권대사의 구실은 할 수 없었고, 보좌와 서기 업무 등을 통해 파견국의 정세를 파악하고 보고한다. 그는 말을 타고 그렇게 여기저기 다니고 싶냐는 말을 동료에게 들을 만큼 열성적으로 자기 일을 처리하고, 가끔 보고서에 자기 의견을 너무 많이 넣는다는 지적이 있긴 해도 일을 잘한다는 칭찬을 많이 듣는다. 이때 쌓은 경험이 정치사상 관련 책을 쓰는 데 밑거름이 된다.

1500　프랑스에 사절로 파견되다.
1501　마리에타 코르시니와 결혼하다.

1502 보르자에게 파견되다

소데리니가 종신 통령으로 선출되면서 마키아벨리는 큰 기회를 얻는다. 정부에 좀 더 많은 영향을 미치고 싶었던 귀족과 그것에 거부감이 있던 인민의 대립 속에 종신 통령이라는 제도가 만들어지고, 온화하며 추종자가 많지 않은 소데리니가 그 자리에 앉는다. 정치적 기반이 미약했던 소데리니는 귀족 대신 마키아벨리를 측근으로 중용한다. 소데리니의 지원 속에 마키아벨리는 더 많은 일을 맡게 되

소데리니

고, 1501년에 이어 두 번째로 보르자에게 파견된다. 마키아벨리는 보르자를 높이 평가했는데, 그가 욕심만큼 강한 군사력을 갖추고 외교와 전쟁이라는 무대에서 능수능란하게 활약했기 때문이다. 파견지에서 만난 보르자의 강한 군사력을 칭송하는 보고서를 피렌체에 보내기도 한다. 보르자를 위해 일하던 다 빈치와 처음 만난 것도 이때다.

1506   피렌체 근교 농민들로 민병대를 조직하다.
1507~1508   신성로마제국 막시밀리안 1세의 궁정에 파견되다.

1509 피사를 되찾다

1494년에 프랑스 샤를 8세의 침입으로 독립한 피사의 수복은 피렌체의 숙원이었다. 1509년에 마키아벨리는 자기가 조직한 군대로 피사를 굴복시키고 피렌체 시민들의 열렬한 환영을 받으며 개선한다. 아마도 이때가 그의 생애 중 최고의 날이었을 것이다.

피사대성당과 사탑

1512 메디치가 복귀로 공직에서 쫓겨나다

교황 율리우스 2세가 프랑스의 루이 12세를 이탈리아에서 몰아내기 위해 1511년에 신성 동맹을 맺는다. 이 동맹에 베네치아와 참여한 에스파냐가 친프랑스 정책을 펴고 있던 피렌체를 공략한다. 이에 따라 소데리니가 실각하고 피렌체를 떠나게 된다. 추기경 조반니 데 메디치와 동생 줄리오 데 메디치는 피렌체로 돌아와 정권을 다시 잡는다.

1513 반메디치가 음모 사건에 연루되어 고초를 겪다

1512년 9월에 메디치가가 복귀하면서 마키아벨리는 공직을 떠나야 했다. 그리고 1513년 초 메디치가에 반대하는 음모에 가담했다는 의심을 사서 경찰청에 갇히고 심한 고문을 받는다. 메디치가가 실질적 군주 자리를 확실히 하기 위해 반대 세력을 축출하는 과정에, 실행되지도 않은 반메디치 모의에서 가상의 주도자 명단 끄트머리에 마키아벨리의 이름이 있었던 것이다. 하지만 천우신조로 조반니 데 메디치 추기경이 교황 레오 10세로 등극해 특별사면을 받고 풀려난다. 그 뒤 마키아벨리는 피렌체 남쪽의 산탄드레아 인 페르쿠시나에서 지낸다. 이곳에서 그는 자신이 유일하게 잘할 수 있는 일이라고 밝힌 나랏일에 관한 책을 쓰는 것으로 피렌체에 힘을 보태려고 한다. 1513년 12월에 친구 베토리에게 쓴 편지에 처음 언급된 『군주국에 관하여』가 바로 『군주론』이다.

1515 『로마사 논고』를 집필하다

마키아벨리는 루첼라이 가문이 주재하는 오르티 오리첼라리 모임에 참여해서 귀족 출신의 젊은 공화주의자들과 교류한다. 그리고 이 모임에서 영감을 받아 저술한 『로마사 논고』를 모임에서 특히 가까이 지낸 부온델몬티와 루첼라이에게 헌정한다. 훗날 부온델몬티는 줄리오 데 메디치를 독살하려는 모의에 가담했다가 계획이 실패하자 프랑스로 피하게 된다.

1516 『군주론』을 메디치가에 헌정하다

마키아벨리는 당시 피렌체를 지배하고 있던 줄리아노 데 메디치에게 『군주론』을 헌정하려고 했다. 하지만 줄리아노는 1516년에 사망한다. 결국 레오 10세의 도움으로 우르비노 공작이 된 로렌초 2세에게 『군주론』이 바쳐진다.

1518   희곡 『만드라골라』를 집필하다.
1520   줄리오 데 메디치 추기경으로부터 『피렌체사』의 저술을 위촉받다.
1521   『전술론』을 출간하다.

『만드라골라』(왼쪽)와 『전술론』 표지

1525 『피렌체사』를 교황에게 전달하기 위해 로마를 방문하다

2월에 파비아전투에서 신성로마제국 황제군이 프랑스를 대파하고 밀라노를 탈환하자 마키아벨리의 마음이 급해진다. 그래서 『피렌체사』 완성본을 들고 로마로 가서 클레멘스 7세를 만난다. 『피렌체사』 전달은 표면적인 목적이고, 진짜 목적은 교황령인 로마냐 방어를 위해 자국군의 조직을 건의하는 데 있었다. 마키아벨리는 1506년에 피렌체를 위해 군대를 조직한 경험이 있다. 하지만 교황은 우유부단했고 자국군은 만들어지지 못했다. 강한 외세 앞에서 풍전등화의 위기에 처한 이탈리아와 피렌체를 위해 군사 업무에 도움을 주려던 마키아벨리는 이듬해에 군대 조직이 아닌 성벽 관리를 담당하는 공직에 임명된다.

1527 제2서기관직에 다시 지원하나 탈락하고 세상을 떠나다

교황이 우물쭈물한 결과 로마는 에스파냐와 독일의 루터파 교도로 구성된 용병들에게 처참하게 짓밟힌다. 피렌체에서는 메디치가에 저항하는 봉기를 통해 다시 공화정이 수립된다. 마키아벨리가 공화정에서 일하기 위해 예전 직위인 제2서기관 자리에 지원하지만 메디치를 도왔다는 이유로 떨어진다. 그가 진정 바란 공화정 부활이 준 기쁨은 오래가지 않았다. 다시 나랏일을 하려던 염원이 좌절되자 실망이 컸는지, 6월 21일에 숨을 거둔다.

조르조 바사리, 〈1530년, 포위된 피렌체〉(부분)

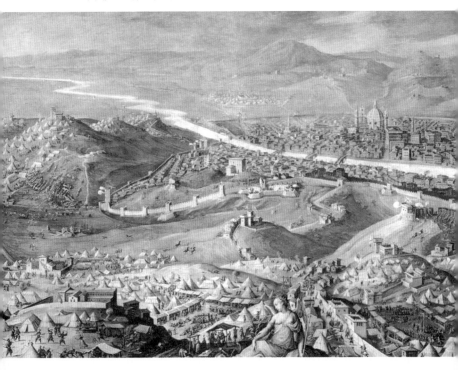

참고 문헌

곽준혁, 『마키아벨리 다시 읽기』, 민음사, 2014.

김경희, 『공화주의』, 책세상, 2009.

김경희, 『공존의 정치: 마키아벨리 군주론의 새로운 이해』, 서강대출판부, 2013.

김경희, 『근대국가개념의 탄생: 레스 푸블리카에서 스타토로』, 까치글방, 2018.

단테, 알리기에리, 『신곡—연옥편』, 박상진 옮김, 민음사, 2007.

단테, 알리기에리, 『신곡—지옥편』, 박상진 옮김, 민음사, 2007.

단테, 알리기에리, 『신곡—천국편』, 박상진 옮김, 민음사, 2007.

단테, 알리기에리, 『제정론』, 성염 풀어옮김, 경세원, 2009.

듀건, 크리스토퍼, 『미완의 통일 이탈리아사』, 김정하 옮김, 개마고원, 2001.

루소, 장 자크, 『사회계약론』, 김영욱 옮김, 후마니타스, 2018.

리돌피, 로베르토, 『마키아벨리 평전』, 곽차섭 옮김, 아카넷, 2000.

마이네케, 프리드리히, 『국가권력의 이념사』, 이광주 옮김, 한길사, 2008.

마키아벨리, 니콜로, 『마키아벨리와 에로스』, 곽차섭 편역·주해, 지식의 풍경, 2002.

마키아벨리, 니콜로, 『군주론』, 강정인·김경희 옮김, 까치, 2008.

마키아벨리, 니콜로, 『로마사 논고』, 강정인·김경희 옮김, 한길사, 2019.

박상섭, 『국가와 폭력: 마키아벨리의 정치사상연구』, 서울대출판부, 2002.

보카치오, 조반니, 『데카메론』, 박상진 옮김, 민음사, 2012.

부르크하르트, 야콥, 『이탈리아 르네상스의 문화』, 안인희 옮김, 푸른숲, 1999.

비롤리, 모리치오, 『공화주의』, 김경희·김동규 옮김, 인간사랑, 2006.

스키너, 퀜틴, 『근대정치사상의 토대』 1, 박동천 옮김, 한길사, 2004.

진원숙, 『시민적 휴머니즘과 인간·역사·과학』, 야스미디어, 2005.

카시러, 에른스트, 『국가의 신화』, 최명관 옮김, 서광사, 1988.

키케로, 마르쿠스 툴리우스, 『의무론』, 허승일 옮김, 서광사, 1989.

키케로, 마르쿠스 툴리우스, 『국가론』, 김창성 옮김, 한길사, 2007.

퍼거슨, 월라스 클리퍼트, 『서양 근세사: 중세에서 근대로의 이행』, 이연규·박순준 옮김, 집문당, 1989.

퍼거슨, W. K., 『르네상스사론』, 진원숙 옮김, 집문당, 1991.

포칵, J. G. A., 『마키아벨리언 모멘트』, 곽차섭 옮김, 나남, 2011.

히버트, 크리스토퍼, 『메디치가 이야기』, 한은경 옮김, 생각의나무, 1999.

Archambault, Paul, "The Analogy of the 'Body' in Renaissance Political Literature", *Bibliotheque d'Humanisme et Renaissance*, Vol. 29, 1967.

Baron, Hans, *The Crisis of the Early Italian Renaissance: Civic Humanism and Republican Liberty in the Age of Classicism and Tyranny*, revised with one-volume edition with Epilogue, Princeton University Press, 1966.

Berges, Wilhelm, *Die Fürstenspiegel des hohen und späten Mittelalters*, Hiersemann Verlag, 1952.

Black, Antony, *Political Thought in Europe 1250-1450*, Cambridge University Press, 1992.

Bock, Gisela, "Machiavelli als Geschichtsschreiber", *Quellen und Forschungen aus italienischen Archiven und Bibliotheken*, Bd. 66, 1986.

Bonadeo, Alfredo, "The Role of the 'Grandi' in the Political World of Machiavelli", *Studies in the Renaissance*, Vol. 16, 1969.

Bonadeo, Alfredo, "The Role of the People in the Works and Times of Machiavelli", *Bibliothèque d'Humanisme et Renaissance*, Vol. 32, 1970.

Briguglia, Gianluca, *Il Corpo Vivente dello Stato: Una Metafora Politica*, Bruno Mondadori, 2006.

Brucker, Gene, *Florenz in der Renaissance: Stadt, Gesellschaft, Kultur*, Rowohlt Taschenbuch, 1990.

Canning, Joseph, *A History of Medieval Political Thought 300-1450*, Routledge, 1996.

Cicero, Marcus Tullius, *De re publica/Vom Gemeinwesen*, Übersetzt und herg. von Karl Büchner, Reclam, 1977.

Gilbert, Felix, "On Machiavelli's Idea of Virtu", *Renaissance News*, Vol. 4, No. 4, 1951.

Gilbert, Felix, *Machiavelli and Guicciardini: Politics and History in the Sixteenth Century Florence*, Princeton University Press, 1965.

Guarini, Elena Fasano, "Machiavelli and the Crisis of the Italian Republics", in G. Bock, Q. Skinner and M. Viroli (eds.), *Machiavelli and Republicanism*, Cambridge University Press, 1990.

Hannaford, I., "Machiavelli's Concept of Virtù in The Prince and The Discourses reconsidered", *Political Studies*, Vol. 20, Issue 2, 1977.

Hexter, J. H., *The Vision of Politics on the Eve of the Reformation: More, Machiavelli, and Seyssel*, Basic Books, 1973.

Jones, Philip, *The Italian City-State: From Commune to Signoria*, Clarendon Press, 1977.

Machiavelli, Niccolò, *The Art of War*, Introduction by N. Wood, Da Capo Press, 1965.

Machiavelli, Niccolò, *The Prince*, Introduction by C. Mansfield Jr., University of Chicago Press, 1985.

Machiavelli, Niccolò, *Florentine Histories*, Trans. by F. Banfield and C. Mansfield Jr., Princeton University Press, 1988.

Machiavelli, Niccolò, *Lettre a Francesco Vettori e a Francesco Guicciardini (1513-1527)*, a cura di Giorgio Inglese, Biblioteca Universal Rizzoli, 1989.

Machiavelli, Niccolò, "Denkschrift über die Reform des Staates Florenz", in *Politische Schriften*, (Hg.)

H. Münkler, Aus dem Italienischen von J. Ziegler und F. N. Baur, Revision dieser Übersetzung von H. Münkler, Fischer Verlag, 1990.

Machiavelli, Niccolò, *Tutte le opere*, a cura de Mario Martelli, Sansoni Editore, 1993.

Machiavelli, Niccolò, *Il Principe*, Nuova edizione a cura di Giorgio Inglese, Einaudi, 1995.

Machiavelli, Niccolò, *Discorsi Sopra la prima Deca di Tito Livio*, Introduzione di Gennaro Sasso e Note di Giorgio Inglese, Biblioteca Universali Rizzoli, 1996.

Mager, Wolfgang, *Zur Entstehung des modernen Staatsbegriffs*, Abhandlung der Geistes und Sozialwissenschaftlichen Klasse, Jahrgang 1968, Nr. 9, Verlag der Akademie der Wissenschaften und der Literatur, 1968.

Mager, Wolfgang, "Republik", in *Historische Wörterbuch der Philosophie*, Bd. 8, Hrsg. Karlfried Grunder, Joachim Ritter, Gottfried Gabriel, Schwabe Verlag, 1992.

Münkler, Herfried, *Machiavelli: Die Begründung des politischen Denkens der Neuzeit aus der Krise der Republik Florenz*, Fischer Verlag, 1982.

Najemy, John M., "Guild Republicanism in Trecento Florence: The Successes and Ultimate Failure of Corporate Politics", *The American Historical Review*, Vol. 84, No. 1, 1979.

Najemy, John M., "Machiavelli and the Medici: The Lessons of Florentine History", *Renaissance Quarterly*, Vol. 35, no. 4, 1982.

Najemy, John M., "The Dialogue of Power in Florentine Politics", in A. Molho, K. Raaflaub and J. Emlen (eds.), *City States in Classical Antiquity and Medieval Italy*, Franz Steiner Verlag, 1991.

Najemy, John M., "The Republic's Two Bodies: Body Metaphors in Italian Renaissance Political Thought", in Alison Brown (ed.), *Language and Images of Renaissance Italy*, Clarendon Press, 1995.

Najemy, John M. (ed.), *Italy in the Age of the Renaissance*, Oxford University Press, 2004.

Najemy, John M., *A History of Florence 1200-1575*, Blackwell Publishing, 2006.

Parel, Anthony J., *The Machiavellian Cosmos*, Yale University Press, 1992.

Price, Russell, "The Senses of Virtù in Machiavelli", *European Studies Review*, Vol. 3, No. 4, 1973.

Reinhardt, Volker, *Die Medici: Florenz im Zeitalter der Renaissance*, Beck, 1998.

Sasso, Gennaro, *Niccolò Machiavelli. Geschichte seines politischen Denkens*, aus dem Ital. Von Werner Klesse und Stefan Bürger, W. Kohlhammer Verlag, 1965.

Skinner, Quentin, "The State", in T. Ball, J. Farr and R. L. Hanson (ed.), *Political Innovation and Conceptual Change*, Cambridge Universtiy Press, 1989.

Struve, Tilman, *Die Entwicklung der Organologischen Staatsauffassung im Mittelalter*, Anton Hiersemann, 1978.

Viroli, Maurizio, *From Politics to Reason of State: The Acquisition and Transformation of the Language of Politics 1250-1600*, Cambridge University Press, 1992.

Wood, Neal, "Machiavelli's Concept of Virtù Reconsidered", *Political Studies*, Vol. 15, No. 2, 1967.

Zorzi, Andrea, "Popolo", in J. M. Najemy (ed.), *Italy in the Age of the Renaissance*, Oxford University
   Press, 2004.

사진 크레디트

클래식 클라우드 011

마키아벨리

1판 1쇄 발행 2019년 7월 15일
1판 3쇄 발행 2024년 2월 1일

지은이 김경희
펴낸이 김영곤
펴낸곳 아르테

TF팀 이사 신승철
TF팀 이종배
책임편집 김정민 김유진 클래식클라우드팀 임정우 김슬기 박병익 오수미
출판마케팅영업본부장 한충희
마케팅1팀 남정한 한경화 김신우 강효원 출판영업팀 최명열 김다운 김도연
제작 이영민 권경민

출판등록 2000년 5월 6일 제406-2003-061호
주소 (10881) 경기도 파주시 회동길 201(문발동)
대표전화 031-955-2100 팩스 031-955-2151

ISBN 978-89-509-8200-3 04000
ISBN 978-89-509-7413-8 (세트)

아르테는 (주)북이십일의 문학·교양 브랜드입니다.

(주)북이십일 경계를 허무는 콘텐츠 리더

네이버오디오클립/팟캐스트 [김태훈의 책보다 여행], 유튜브 [클래식클라우드]를 검색하세요.
네이버포스트 post.naver.com/classic_cloud
페이스북 www.facebook.com/21classiccloud
인스타그램 www.instagram.com/classic_cloud21
유튜브 youtube.com/c/classiccloud21